會哭才是真男人

曾立煌、區祥江 著

會哭才是真男人
作者／曾立煌、區祥江
責任編輯／何力高、呂瑋宗
封面設計／Deep Workshop
內頁設計／陳詩韻
出版發行／突破出版社
香港沙田亞公角山路33號突破青年村
電話：2632 0000　傳真：2632 0388
電郵：breakthrough@breakthrough.org.hk
網址：http://www.breakthrough.org.hk
http://www.btproduct.com
承印／陽光（彩美）印刷公司
2001年11月初版
2002年2月再版
2016年10月修訂版1刷

The Lament of Men
by Tsang Lap-wong & Raymond Au
First Edition, November 2001
Second Edition, February 2002
First Printing, Revised Edition, October 2016

Printed in Hong Kong
ISBN 978-988-8246-98-4

誠邀閣下就突破出版社的書籍發表意見
歡迎加入突破書籍 Facebook page — http://www.facebook.com/btbooks.page
本書採用環保油墨印刷

生　活　與　輔　導

關懷、連繫、復和、

溝通、對話……

凝視心之脈動，

直到重新尋獲自己的心。

目錄

曾序（新版序）

現代失落男愈來愈多

本書出版至今已跨越十六個年頭，期間斷版多年，讀者只能在圖書館找到。

十六年是一段頗長的時間，社會已有許多變化，尤其是在男性成長方面。不過也有不少沒有改變的事情，仍然影響着男人哀傷的表達方式。

至今，大部分戰後出生的男人已進入銀髮族階段，而他們受父權制度影響極深的父親，也離世很久了，這意味着「猛男男性氣概」（macho-masculinity）已逐漸式微，取而代之是母權的興起，女人正走上當家的角色。

新一代男人以柔弱為主

戰後出生男性的兒子，現已成為新一代男人，但其男性氣概卻與上一代男人大相徑庭，從八十年代以剛烈為中心的男性氣概，轉變成以柔弱為主的男性表現（soft male）。這種轉變帶來怎麼樣的後果呢？

2012 年出版的一本書，肯定令男人感到不安甚至吃驚，因為正如書名宣佈 *The End of Men: And the Rise of Women*（暫譯《男人的終結與女人的興起》[註一]）

此書道盡現代男人每況愈下的情況，稱之為「男性衰退」（mancession），簡述如下：

- 在許多方面，女人已超越男人。
- 在職場上，女人所佔的比例已多於男人。
- 在教育方面，女人就讀大學的比例已多於男人（非洲除外）。
- 現今以服務和資訊為中心的經濟着重女性特質，而非男性特質。

- 在許多發展中國家，女人學習英語比男人快得多，意味她們有更好發展。
- 愈來愈多女人賺錢多於男人，而女人的權力也不斷提升。
- 學識高、經濟能力高的女人已在許多方面（包括婚姻、家庭及自我發展）擁有自主權和決策權。
- 現今女人被形容為「塑料女人」（plastic women）——具超人般的彈性，而男人則淪為「紙板男人」（cardboard man）—— 一成不變。男人只是女人的「餐後甜品」，可有可無，或只是「飾物」（ornamental masculinity）而已。
- 現今女人已踏進許多昔日只屬男人的領域，而男人則退到愈來愈狹窄的空間。
- 愈來愈多家庭渴望生女，而女孩已變成家庭中子女的模範。

被女人拋後，自我孤立

不久前仍流行「女人撐起半邊天」的說法，現已變成「進入女人世界」的時代。那麼，男人在哪裏呢？尤其是年輕一代男人。

另一本書*Man(Dis)connected*（暫譯《與世隔絕的男人》）為以上疑問提供可能的答案。作者指出，年輕的男人由於在許多方面（尤其是被女人拋在後面而孤立自己）遭隱藏在父母家中，埋首在電腦、遊戲機或手機背後，試圖在虛擬世界找到肯定自我的途徑。

可是，這批宅男所追求的虛擬刺激令他們成為網上遊戲、暴力、色情片的成癮者，嚴重影響溝通、社交的能力。

更嚴重的是，宅男從未長大，活像小孩（man-child），缺乏同情、同理心等人際間的情緒，以及深度的思考能力，造成難於跟別人建立親近關係的困局。[註二]

以上這些轉變對男性哀傷有什麼影響呢？

不懂處理失落，身心健康受損

明顯地，當現代男人被女人迎頭趕上、控制甚或拋棄時，他們所面對的失落何等大！處於「女人世界」中，男人的失落是雙重的：既失去男性的優越感又失去金錢、地位、權力及尊重。

有男性研究指出，男人傾向以憤怒和暴力，或以理性的方式處理挫折，而較少以傾談、尋求支援或哭泣來紓解失落感。原因在於，前者較配合男人心中的男子漢形象。(註三)

問題來了，現代男人的失落愈來愈多，他們卻不懂適當地處理，導致其哀傷情緒未獲得徹底解決（unresolved grief）。由於悲傷是一種巨大的壓力，男人的身心健康必然受損。

原來，哀傷自有它的生命（a life of its own），有自然的歷程，透過抒發或化解多種情緒，如憤怒、失望、焦慮、內疚、自責等，經歷不同階段，以及完成哀傷的任務（grief work），失落者可重建生活，且比以前更堅強。

因此，完成哀傷歷程需要花頗長時間，可能是數月甚至數年之久，視乎當事人與所失去的人或物關係之深淺程度。(註四)

表達哀傷，失落男變身真男人

有男性研究指出，大多數男人都抑壓自己的哀傷，沒有透過適當方式紓解當中複雜的情緒和思想，結果造成多種身心病，縮短壽命。因此，哀傷教育、輔導和支援是男人急需的救生圈，刻不容緩。

有見及此，本書有再版的必要，原因如下：

第一，失落 / 損失（loss）是人生不可避免的部分。無論年輕一代或上了年紀的男人都要面對不同種類的失落；如何處理哀傷是所有男人必須面對的挑戰。目前市場上仍缺乏有關書籍，因此，本書可供有需要男士所用。

第二，本書修正男人的一般看法，就是以為表達哀傷的方法只有哭泣。當然流淚是自然、方便且快捷的抒發哀傷方法，但它卻不是唯一的方法。本書為哭泣不成的男人，提供其他紓解悲傷的有效方法。

第三，本書亦修正男人另一個錯誤的看法，就是認為哀傷是一種軟弱且消極的表現。書中強調，懂得表達哀傷是一種勇敢的行為，而且也是一種積極成長的經驗，蘊藏着成長的潛能。

最後，鑑於本地哀傷教育、輔導和支援的資源仍然不足，尤其是在男性哀傷方面，本書可提供以上三方面的材料。

新版內容大致不變，只在適當地方補充資料，以及新增一章題為「【好兄弟】輔助哀傷男秘笈」。此章並非為專業輔導員所寫，而是給男士互助時作參考，擔當輔助者幫助身邊正經歷失落的兄弟，協助他們處理哀傷。

但願神使用本書，叫男人從哀傷走往成長。

曾立煌

2016 年

註解

（註一） Hanna Rosin (2012). *The End of Men: And the Rise of Women*. New York: Riverhead Books.

（註二） Philip Zimbardo (2015). *Man(Dis)connected: How Technology Has Sabotaged What it Means to be Male*. London: Rider Books.

（註三） Christopher Kilmartin & Andrew P. Smiler (2015). *The Masculine Self*. New York: Sloan Publishing.

（註四） J. Lynch & C. Kilmartin (2013). *Overcoming Masculine Depression: The Pain Behind the Mask*. New York: Routledge / Taylor & Francis.

區序

從失婚男經歷，了解如何走哀傷路

男人的眼淚是稀少的。

我有幸陪伴過幾位失婚男士，一同經歷哀傷過程中的艱澀，發現男人也是人，強者背後需要更大的勇氣去面對哀傷，以及面對感情上的失敗。

在本書裏，我主要負責撰寫故事部分，希望透過當事人接受幫助的第一身心路歷程，反映出男士求助的阻力，和介紹衝破阻力後的輔導進程。此外，又希望給一些正在面對哀傷的男士借鏡，知道接受輔導是什麼的一回事、當中的心情起伏是怎樣，以及可以從輔導員身上獲得什麼幫助等。希望這半虛構半真實的故事，能給讀者帶來一次心理健康教育。

曾立煌先生是我多年的好朋友，閒來一同交換閱讀和研究心得，今次有合作機會是相當難能可貴。他先寫正文部分，我則按其內容主幹來發展故事部分。他正文的鋪排與我的故事發展是相當配合的。沒想到，大家的合作可以如此有默契。但願讀者從中更了解男人的眼淚為什麼不輕淌，給身邊的男士甚或自己多一點接納和鼓勵，正視我們生命中這個重大的課題。

我相信，當我們好好正視哀傷，哀傷過後，我們會有更美好的明天。

區祥江

曾序

透過閱讀，幫助陷入哀傷中的男人

許多年前已有跟區祥江合作寫書的心願。

其實在 1995 年出版的《戀愛樂章》中，我已曾邀請祥江為書中的個案部分執筆，不過該書並未有列出他的名字。因此，我仍然等待實現心願的機會，如今終於圓夢。

當閱讀到一些有關男性哀傷的書籍後，便萌生合作念頭。當時發現這類書可謂寥寥可數，英文書籍不多，更遑論中文書籍。因此，在文字工作使命催迫下，就萌生念頭撰寫有關「男性」與「哀傷」的書籍，以補充這方面文獻的不足。在構思期間，我突然想起何不找祥江一起合作寫這本書呢？

我相信由我倆來執筆是可行的，因為我們均有研究男性問題的經驗和著作。此外，我曾對哀傷有深入的研究（1994 年出版過《從哀傷到成長》），而祥江則有豐富的輔導知識及經驗。因此，由我倆來撰寫有關男人與哀傷的書是最好不過的。

我在這裏要多謝祥江的參與，他對我這個「突發性」念頭給了積極的回應。雖然他是個大忙人（行政、輔導工作再加上寫書及進修），卻能騰出時間助我完成心願，實使我感動不已。但願這本書能真正幫助陷入哀傷中的男人，以及為從事輔導工作（尤其是輔導男性）的人提供一些有用的資料。

曾立煌

葉序

絕大多數男人都患上「情緒便秘症」

喜見祥江兄與立煌兄合作寫書，這是男人們的好榜樣，男人能合作是不容易的事。

寫這個主題是一項很大的嘗試。以哀傷為題，表面上沒有什麼大不了，但倘若你明白男人最難表達的情緒就是哀傷，你便會同意我的觀點。祥江兄來電囑咐小弟可以把序言寫得詳盡點，就藉此機會抒發自己對輔導男性的一些感受。

也許坊間男性輔導員不太多，上了年紀的更少，故此過去幾年有不少男性來尋求輔導，讓我這個「不太男人」的男人，對男人開始起了研究興趣。而我自己也湊湊熱鬧，舉辦男人課程和小組，兩個男人課程合共有超過二百五十位男士參加。許多男人都喜歡擔當領導或行政崗位，然而我這年近半百、樣貌老成的男人卻喜歡留在前線做輔導工作，每年花大約八百至一千小時面見受導者，而其中過半數為男人。我想這是可喜的事，因為一般輔導機構，受導者以女性居多，通常佔六至七成。

寫了這麼多像自我吹噓的文字，到底想說什麼？就是想帶出「男人」與「情緒」的關係，因為在輔導室裏看見男人有很多特質，是我們平日可能忽略的。

情緒「內爆」，有苦自己知

說男人很情緒化，也許你會不同意，但我愈來愈相信男人其實很情緒化。他們的情緒發生在心裏，卻不擅長或不敢表達出來，於是女性便誤以為男人沒有情緒，我覺得這是絕對錯誤的觀念。男人的內心波濤洶湧，表面上卻波平如鏡；絕大多數男人都患上「情緒便秘症」，有苦自知。協助男人承認和表達自己真正的內心世界，是輔導和促進他們成長的重要目標。男性最容易表達的情緒是「嬲怒」，這也許和男人要顯示自己的陽剛氣概有關；而其他的情緒，如哀傷或妒忌等，卻是男人最不想承認的心理反應。

身大心小，不停埋怨女性

哀傷在中國文化裏被視為女性化的情緒，這是否解釋了男性難於表達哀傷的原因？正因為此，許多男人陷入抑鬱而不自知，也因為他們刻意迴避哀傷，或完全不給自己機會去表現哀傷，於是令男人心裏有太多「未完之事」（unfinished business）。這些「未完之事」往往與人際關係有關，很多能幹的男人日理萬機，但在家庭婚姻關係和其他重要關係上卻顯得笨拙無知。很多男人任由情緒停留在小孩階段，沒有成長。當進入自行選擇的親密關係——例如戀愛或婚姻關係時，往往給女性比下去。我在輔導室裏遇到很多如曾立煌兄說的「紙板歌利亞」——徒具成人外表的小孩。「紙板歌利亞」令人難過的地方是「心不稱身」，身大心小，卻完全不能承擔成人的角色和責任，整天擾擾攘攘，不停埋怨配偶或女友不關心自己。

積壓成疾，一味逃避

上天給人類情緒，讓人在精神心理上能保護自己。當壓力重重時，要懂得減壓。減壓的方法因人而異，但目標一致，就是讓心情和精神得到紓緩。香港有很多方面在世界上都獨佔鰲頭，連男人患十二指腸潰瘍的比例也曾是世界第一。這除了因為香港人生活壓力大之外，我相信和香港的男士不懂得減壓有關。就像本書男主角一樣，面對婚姻轉變，起先完全不能接受現實，以致生活上產生很多「無謂」壓力。我們很多日常小毛病都與心理壓力有關，倘若常有小病纏身，除了看醫生外，尋求心理輔導也許是治病良方。可是男人不易承認自己有心理困擾，更不容易面對心理輔導師。

自命愛妻，卻沒有耐性

Scott Peck 是一位受歡迎的作者，他的書很喜歡用男士作例子，其中最常見的案例是自命愛妻的男人和抑鬱的妻子，齊齊尋求輔導。Scott Peck 指出，這些女士抑鬱是因為丈夫對自己的情緒沒有耐性，丈夫滿心以為自己很愛妻子，包括將薪金交給太太、準時回家、為太太辦理大小事情，太太沒理由不快樂。因此，妻子每次表達不滿情緒時，丈夫都反應激烈，陷妻子於進退兩難間，她不患上抑鬱症才怪！作為男人，你可以從配偶或身邊重要人物的心理健康狀況，察看自己是否一位明白事理、願意聆聽的人。

封鎖心靈，嚴禁內進

男士不單容易逃避流露內心狀態，也因為怕表達而逃避建立親密關係。因為親密帶來心靈交流，心靈交流往往需要個人開放內心世界。有些男士不單害怕進入別人的心靈世界，對自己的心靈世界也感到十分害怕和陌生。自己既不進入，也不讓別人進入，日子一久，那扇進出心靈的門上了鎖，最後就連門鎖也壞掉。很多男人沒有進入婚姻，其中一個原因就是害怕，你說男人可憐嗎？

借酒消愁，依賴成習慣

不同研究指出，男人在濫用藥物上比女性多出幾倍，無論是吸毒、服食軟性毒品或酗酒，一般來說都以男性居多。這種特殊現象，是否代表男人喜歡透過藥物或酒精來逃避壓力和心靈空虛？或男人愛借助酒精或藥物來表達內心感受？久而久之，心理依賴變成了習慣而不自知。

披上盔甲，孤立無援

男性在工作場所較女性容易隱藏自己的感受，因為男人相信，不應、也不能示人以弱。在輔導室裏，很多男人可以痛哭流淚，可是一旦回到工作場所，卻馬上穿上盔甲，以另一個形象示人。這是男人通病之一，也是男人在工作場所不能建立親密友誼或深入關係的原因。

依賴女性，被妻子「奪權」

很多已婚男性很依賴妻子，但要他們承認卻非常困難。年老的男人若失去老伴，在同一年去世的機會，比女性失去丈夫的高出數倍。男人婚後的身體和健康狀況都有改善，這在區祥江兄的《婚姻旅情》一書中也有提及，可見男人需要婚姻，更需要妻子的支持和照顧。可是，男人卻不易承認這點。因此，到了老年，妻子往往在家裏成功「奪權」，兒女都站在母親身邊，而年邁的父親在家裏卻完全失去地位，變成最「可憐」的人。

明白上述現象，男人還不好好學習去表達自己的內心世界嗎？閱讀本書，就是男人學習最困難的功課 —— 表達心事的起點。

葉萬壽

資深心理輔導員

Innerspace 輔導服務創辦人

第一章

打造真男人，失落男變身日記

導言——專屬男性的處理哀傷方法

自從「男女大不同」的觀念提出後，許多心理及人際關係課題，都開始處理男女差異所帶來的影響。許多人開始認識到，從前出現的問題原來只是源於男女不同的風格而已。

就「哀傷」這個課題來說，人們從前以為只有一種表達哀傷的方法：描述喪失的事實、為喪失流淚，以及跟別人分享哀傷的情緒。雖然以上均是十分好的醫治方法，但並不是唯一的方法。我們相信，還有別的方法可以醫治哀傷。自從男女差異的觀念出現後，有些心理治療師，特別是專門研究男性問題的專家指出，原來傳統處理哀傷的方法大多是屬於女性的。從這個角度來看，我們相信男性哀傷者在傳統的模式下，勢必被人誤解及不公平地論斷。

寫作本書的目的就是為了消除這種誤解，並且嘗試指出男性自有其獨特的處理哀傷方法。事實上，無論女性或男性處理哀傷的方法都是自然的，絕對沒有優劣之分。只要我們認識到這些方法可有男女之別，以及肯定男性有其獨特的方法，本書已達到目的了。

向失婚男借鏡，認識男人的哀傷

本章共分十二部分，每部分結構相同：透過一位失婚男士，在不同階段接受輔導的故事，了解普遍男性面對哀傷的一般共同盲點、適切處理手法和過程。首先是「受導者的話」，失婚男從日記中講述哀傷的片段，及每次接受輔導的感受和變化；繼而是「輔導員的話」，回應相關課題，並授以【變身術】，教導從哀傷中重建生活的方法，變身成懂得抒發哀傷情緒的真男人。

失婚或許是「男人最痛」，但哀傷並不是失婚男的專利。男人面對其它類型的哀傷時，都有相類的境況，有值得參考、學習、思考和借鏡的地方。盼望本書的結構，可同時兼顧經驗與理論，讓讀者有更深入和全面的反省。

傷心日記一：

「最怕人問我感受，就算說了，又於事無補。」

事情已經過去，還要向陌生人重新訴說一次自己傷心的故事，又有何益處呢？我最怕別人問我對這件事的感受，這些錯綜複雜的感受，又豈是三言兩語可以說得清？

【一月四日】

半年了，阿雪搬出去不經不覺已經半年了。

明天是我們結婚五周年，那到底是一個應該記念還是要忘記的日子？

這半年來，除了她搬出去時的拉扯、早期重新適應王老五生活的細節之外，一切反而變得平靜。

寂寞——是男人的專利吧！遭拋棄的男人更不用說呢！

獨立生活並不難倒我。在美國留學的四年日子，我什麼都要「一腳踢」，燒飯、洗碗、洗衣服完全不是問題。母親也十分體諒，老是要我回家吃飯。

沾點人氣也是好的。

我想，這次打擊我會順利過渡。

公司的同事老趙是過來人，他知道我發生事情之後，對我也十分照顧。前幾年目睹他鬧婚變的慘情，今天他仍挺着腰，勇往直前。最近多了跟他一起午膳，間中也聽聽他的故事，才知道他這幾年並不好過。他外表仍然十分硬朗，原來也灑下不少英雄淚。這些年頭，男人被太太拋棄並不是一件太特別的事。

他見我在公司拚命工作，反而為我擔心。他說自己也試過藉超時工作來麻醉自己，以為沉醉於工作就可以忘記不愉快的記憶，化悲憤為力量。但他鄭重勸告我，痛處是需要包裹的，壓抑反而延誤痊癒的時間。他甚至建議我找輔導員談談，又主動為我安排時間約見。

他盛意拳拳，我不好意思推辭。下星期就是第一次面談，他說可以陪我到輔導中心。

面談費用和時間並不是問題，反正時間空間都比以前多，但事情已經過去，還要向陌生人把自己傷心的故事重新訴說一次，又有何益處呢？我最怕別人問我對這件事的感受，這些錯綜複雜的感受，又豈是三言兩語可以說得清？就算說了，又於事無補。阿雪的離開，是一個不能逆轉的事實，我承認自己是有錯，但再翻閱這些誰是誰非的片段，只徒添痛楚。

但老趙是過來人，他硬說輔導對他的幫助很大，我看着他的情面，或許都要去一趟。

明天就是結婚五周年，放工後該怎樣打發這個晚上呢！真是惱人。

【變身術】處理失落，請你從目前處境開始

「失落」不會因你的忽略而自動消失，反而會伺機再冒出來影響你。為健康着想，你最好正面地處理它。

走過自然教育徑的人都知道，上山前最重要的，是先從地圖上確定自己目前的位置。在山徑的地圖上一定可以找到一個記號——「你在此」。

是的，要先確定自己的位置雖然簡單不過，但卻是個十分重要的步驟。

本書的焦點，正是集中處理生命裏所經歷的種種失落。不論你的失落是什麼，那是你所處的位置。

處理失落前，先找「你在此」記號

不少男人愛把自己所經歷的失落埋藏起來，不是不懂處理，就是沒適當渠道。結果，他們就把失落拋諸腦後，以為時間可以解決問題。可是事實證明，他們表面上雖然沒有流露失落感或哀傷的情緒，但內裏卻埋藏未解決的哀傷。

你可以作一個簡單的內省：你經歷過失落嗎？如果有，你已處理好了嗎？如果你的答案屬「否」，那麼你或多或少還帶着未解決的哀傷情緒。

一個「典型」的男人會傾向逃避失落。許多男人（可能包括你在內）也有類似以下的經歷：阿偉在工作時出現輕微心臟病發病徵，事實上在過去幾小時已發生了三次，只是他不停對自己說：「我沒有心臟病」。事後回想起來，阿偉才覺察原來自己一直刻意忽略這些病徵，例如心跳加速、胸部疼痛、冒冷汗及暈眩。

我遇過另一個類似個案。一個成功商人突然心臟病發，他的下屬立刻把他送進醫院急救。在醫生搶救之下他僥幸活過來。誰知他出醫院後第一個想回去的地方不是他的家，而是辦公室。他揚言既然死不去，更要拚到盡！他完全忽略身體所發出的警告，對失落置諸不理。

失落會不斷伺機來找你

你是否有類似的表現？「失落」不會因你的忽略而自動消失，反而會伺機再冒出來影響你。為健康着想，你最好正面地處理它。

在你檢視自己所處的失落境況前，最好先從逃避現實的心理中走出來，去面對那些無法避免發生的事實。

只要你一天仍然活着，總要面對以下的現實：

- 婚姻只有兩個結束的方式：配偶死亡或離婚。
- 人與人之間的關係都是短暫的。
- 事業總會有結束的一天。
- 不是所有的夢想都能實現。
- 挫折伴隨年齡的增長而增加。

你現在或許經歷所愛的人離你而去。死去的人可能是你的配偶、兒女、父母或兄弟姊妹。你會頓時發覺整個世界像給翻轉過來一樣。

你現在可能再回復單身的生活。無論離婚是預知還是意料之外，無論離婚的決定是由你主動提出還是被迫同意，失落的感覺都會存在。離婚的經歷可能會帶來其他種類的失落，包括失去家庭、失去朋友、失去常規、失去性伴侶或失去安全感。

在經濟仍然未見全面好轉的情況下，你可能被迫加入失業大軍。對一個男人來說，失去工作的打擊極大，這不單影響生計，連自我價值也會受到質疑。由於男性的價值大都按成就來衡量，因此失業會令男性失落自尊。

或許你已退休了，但對大多數男人來說，退休不是自願的選擇。你期望可以繼續工作，但社會似乎對你不感興趣。退休暗示你已失去社會功能，因此許多退休的男人都是靜悄悄地消隱。

你可能落入另一種嚴重的失落中，那是指你的健康。你可能患上重病，無論是短暫的或永久性的。你的整體生活方式會因着疾病、意外或傷殘而完全改變過來。你失去的不單是健康，也包括行動的自由、自主性以及長期照顧別人的能力。難怪男人最怕見醫生，他會因為接受不了失去健康而情緒失控。

積極面對失落的重要信念

無論你失落的原因是什麼，你要面對失去一些值得珍惜的人或東西。昔日存在的東西到今天已不復見，昔日的完整面貌到現在已出現破口。面對失落當然是件極不愉快的事，但除了積極面對之外，便沒有其他更佳的方法可以好好處理。如上文所說，忽略或逃避失落是極不智的做法。

積極面對失落需要有以下幾個重要的信念：

1 你要相信失落是活着的證據。只要你活着，失落便是你生活的一部分。

2 你要相信由失落引起的哀傷也是生活的一部分，你要願意談論它、經歷它。

3 你要相信失落並不是懦弱的象徵，也不表示你失去能力。相反，面對失落是有勇氣的表現。

4 你要相信失落及哀傷可以成為助你成長的動力。失落與哀傷可以更新你的男性氣概，使你成為一個有人性、有感情及有血有肉有淚的男人。

5 最後，你要學習把每次你所經歷的失落視作「小型的死亡」，因為這樣做，你就會懂得如何處理較嚴重的失落，也定規了你處理的形式。

現在可嘗試反省一下：

1 你有忽略或逃避失落的表現嗎？若有，在哪方面呢？

2 失落對你構成怎樣的威脅？

3 你有否處理好你所經歷過的失落？如何處理？

4 你對「積極面對失落的信念」有什麼看法？

傷心日記二：

「我想了一會，覺得多談幾次也是可以的。」

　　這種不被打擾、說自己事情的感覺十分新鮮，彷彿一輩子也沒有人好好聽過我的故事。

【一月十一日】

剛從輔導中心回來，心情像坐過山車般，有不少起伏。

原來坐在輔導中心的候客室是挺不自然的，幸好有老趙陪伴。我平日習慣在工作上為別人解決問題，今天角色倒置。在填寫那份初次面談紀錄時，要剔選自己有什麼問題，我呆了好一陣子；有病當然要看醫生，但有問題不是自己去解決的嗎？今時今日，事隔半年了，什麼也塵埃落定，我還有什麼問題？應該剔婚姻問題，還是情緒問題呢！老趙看見我的反應，輕聲對我說，多剔少剔不是問題，只是作個紀錄而已，反正輔導員會問得更具體。

時間還早，在會客室坐着，看見也有不少男士接受輔導；有些單獨來，有些是與太太一起上來的。雖然女士的數目還是比男士多，但也給我一個較安然的感受，原來世界上不是只有我這個男人有問題。

接見我的是一位男性輔導員，大家寒暄了幾句。他交代了一些輔導專業守則之後，就請我講述來求助的原因。

我簡單將婚後這四年和阿雪的事向他複述，他十分專心聆聽，非必要也沒打斷我的說話，讓我暢所欲言。

他聽完我的故事後，回應說：「看來這年來你面對的事非常不簡單，失去太太、失去一段可以很完美的婚姻，你有否為這種種損失大哭一場呢？」

他的問題令我呆了好一陣子，不知如何回答。

是的，我該好好大哭一場，但事情來得太突然、太快了。我公司有重要的 project 要我處理，「老媽子」知道阿雪離開已經十分傷心，我哪有空間去想自己的感受？況且離婚要辦的事也不少呢！我總不能在應付種種事的時候，在那些人面前失控落淚吧！

輔導員見我良久沒有反應，就解釋說，面對損失是一件陌生、令人不暢快的事。他也簡單指出，面對婚姻破裂時一般人的反應，及哀傷過程中要面對的事。他鼓勵我大可按自己的步伐來面對，快慢因人而異，叫我多給自己一點時間。接着，他向我解釋輔導大約需時多久，問我是否願意繼續參與這個自我探索的過程。

我想了一會，覺得多談幾次也是可以的。這種不被打擾、說自己事情的感覺十分新鮮，彷彿一輩子也沒有人好好聽過我的故事。

老趙有要事，沒有等我就先離去。

我慢步回家，好像快要向前踏一大步似的。

【變身術】考察自己陌生的哀傷地帶

每個男人都以不相同的方式去考察他們的哀傷地帶。愈能熟習這個地帶，對你的幫助愈大，因為無論你喜歡與否，你也得花一段時間停留在此處。

當你遭受失落之苦時，尤其是不想面對的失落，你會頓然覺得自己身陷一處陌生的地方，不知所措。哀傷地帶是一處男人感到十分陌生的地方。在這裏，你會發現過去所認識的「男性制約」—— 即社會要求一個男人必須做一些事情，解決一些問題、反對一些觀念，或忍受一些壓力 —— 變得毫無用武之地。

施展「男性制約」，只會陷入危機

面對失落與哀傷，男人通常會按照「男性制約」所定下的方式去處理：

第一，保持克制。

第二，支持別人。

第三，接受死亡為一種挑戰，甚至是一種對男性氣概的考驗。

但是，當你這樣做的時候，你就會陷入雙重的危機之中，包括迷失自我，以及失去處理失落時所應有的行為表現。結果，你要面對的難題是：當失落呼喚你表達「非男性」的情緒時，你卻要保持猛男的形象！

為什麼哀傷地帶是男人感到陌生的地方呢？因為當你進入哀傷地帶時，你會像許多男人一樣，感覺一切都是「混亂」（chaotic）的。以往你認為可靠及在控制範圍之內的事物，現在卻變得難以預料與混亂。就以情緒為例，你以往對情緒控制有術，表現平靜、穩定，但一進入哀傷地帶，你的情緒就好像失控一樣變得難以捉摸。對情緒最敏感的身體部位是胃部，你會感到胃部不適。接着，你可能會頭痛。此外，這一刻你的情緒高漲，下一分鐘又可能急降，而你卻不知發生什麼事。你會變得情緒低落，情況比以前嚴重。你又會比以前生氣得更甚，為了一些小事而暴躁起來。

有些男人會感到內疚，為着應該做卻沒有做，或做了不該做的事而內疚。你也可能會有類似經歷，你會責怪自己為何變得漫不經心，以致不如意的事發生。你會因自己不能做好「保護者」的角色而內疚，甚至因此而自卑起來，覺得自己很軟弱無能。

因不能操控的事感到懼怕

男性給人的印象是「無所懼」、「無有怕」，而女人和小孩就會依賴男人來獲得安全感。但失落與哀傷會令男人產生恐懼感，感到許多未知之數壓頂而來。男人會因發生不能操控的事情而感到懼怕。

你有感到恐懼嗎？你又恐懼些什麼呢？

那麼，要怎樣做才能適應陌生的哀傷地帶呢？其實方法很簡單：仿效你熟悉陌生地方的方法。

假設，你要帶一班學生進行地理考察，事前要預先考察一次，過程中你會做些什麼呢？或許你會留意每個經過的地方，記下沿途一些特別的東西，回程時便不會迷失方向。甚至你可以留下一些記號，方便自己認路。在腦海中做筆記也是一種有效的方法。

你可以用這個方法幫助自己去熟悉哀傷的地帶。你可以留意發生在周圍及內心的東西，例如有誰跟你在一起？有誰可以信賴呢？有哪些危險的地方？哪裏最安全？

失落能將你所有的情緒都浮現出來，但不用害怕，情緒的其中一個作用是保護你，避免你被哀傷打垮。這時候會出現很多不同的情緒，包括震驚、麻木、否認、內疚、憤怒、冷淡、焦慮、失望、憂鬱等。對男人來說，你肯定會感到不自在，但這是你必須經歷的過程。

除了經歷很多情緒反應之外，當你進入哀傷地帶時，還會遇見一種「尋索的催迫」。你會嘗試去尋索你所失去的人或東西，在日間甚至在睡夢中，這種「尋索的催迫」都會出現。

哀傷會帶來身體不適

在哀傷的地帶中，你也會有許多身體不適的徵狀，諸如頭痛、腸胃不適、失眠、不安、疲倦、肌肉緊張、記憶力差、不能集中注意力、心跳加速、皮膚敏感、呼吸急促、胸口痛、頭暈等。然而，這些身體不適是哀傷過程中正常的反應，不必過分擔心。

或許你會孤立自己，從人際關係中退出來，寧可選擇獨自生活。這種社會化反應是短暫的，不必擔心。在你獨處的時候，可以藉此機會作人生反省。稍後再遇見其他人時，便再不必懼怕關係容易受到破壞。

在你的腦海中，肯定會出現許多理性的疑問，諸如「為何他/她突然離我而去？」、「為何這件事發生在我身上？」人要追問原因，要將苦難合理化，皆因人需要控制自己的一切；人不能忍受失控的情況，尤其是男人。因此，無論如何總要找個合理的解釋，以致可以接受喪失的事實。

倘若你是一個有信仰的人，你亦會經驗屬靈方面的反應，就是你與神的關係因喪失（苦難）而起了變化。你可能感覺神已離開你或至少認為神是冷酷的，甚至你會懷疑神的能力，不能保守你。這些反應都是正常的，問題是你如何看待你和神的關係：否認祂抑或作深度的信仰反省？請好好探討苦難對你生命的意義。（你可嘗試研讀《聖經》中〈約伯記〉或〈哈巴谷書〉，兩卷書均有探討苦難的意義。）

把考察哀傷地帶的見聞寫下來

當你考察完哀傷地帶時，你大概可以作一個總結，問問自己所經歷的失落是短暫的，抑或是永久的？或許，你現在還未能確定它的性質，到底它是一種不幸，還是一種無可避免的失落？它是一種將要被克服的挑戰，抑或是一種威脅呢？

每個男人都以不相同的方式去考察他們的哀傷地帶。有些男人選擇把他們所見所聞寫下來；有些卻選擇默想。你會採用什麼方式去認識哀傷地帶呢？愈能熟習這個地帶，對你的幫助便愈大，因為無論你喜歡與否，也得花一段時間停留在此處。

或許，你目前還未經歷過失落，但你今日所獲得的知識，可以幫助你適應日後的哀傷。

傷心日記三：

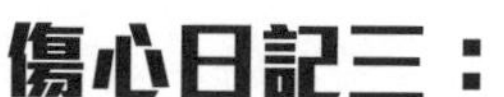

「男人哭卻要有充分理據，倒不易做呢！」

男人在情緒宣洩方面比較不利，女人哭像是天經地義的事。

【一月廿五日】

天晴。又是見輔導員的日子。

輔導員原先提議，初期最好每星期見一次，但我怕太密，壓迫感太大；反正都是談談舊事，沒有什麼要急於解決的。我便提出兩星期見面一次。

很奇怪，本以為他會進一步追問我婚姻的事情，他卻說要全面的了解我，叫我談談自己的家庭和一些成長片段。

父親在我童年去世的往事，不知怎的，我竟然在不知不覺間說了出來。記憶，彷彿是從一本發黃舊照相簿中抽出來似的，淡化了很多……爸爸是「行船」的，在一場暴風雨中去世，事情來得很突然。因為他「行船」的緣故，我跟他接觸的機會並不多，只記得每次他回家，總是大魚大肉，也帶我去飲茶、給我買玩具，但在他的葬禮我卻沒有流淚。父親像個十分陌生的人，沒有說再見，沒有留下什麼給我，我只有一片空白、一個沒有爸爸的童年。

談到這裏我也不想多說，便轉了一個話題，談起我在男校唸中學的日子。一班男孩子你追我逐，一起打籃球爭出線，不言敗、不氣餒，不灑一滴懦弱的淚，這是多麼值得回憶、令我自豪的日子。

還記得一次跟同學在家中看電視，剛巧有一段感人的情節，我忍不住滴下眼淚來，給同學看見，便連忙走進廁所，抹去眼淚，洗好臉才敢走出來。之後，同學不時提起此事來取笑我。長大後看到一個飲品廣告，解釋男孩子流淚是自然反應，廣告似乎拍得太遲。說真的，對我來說，眼淚是在戲院漆黑的環境中才允許釋放出來。

男孩子就是這樣長大的，沒有什麼特別。

輔導員卻抓着我這些成長片段，在結束輔導之前，作了一些總結：

「人生充滿不少悲歡離合，看來你父親英年早逝給你帶來不少遺憾，而社會給男孩子成長的指令，也在不知不覺間給你架上不少框框。面對你今天的損失，與你的過去是息息相關的。我們男人在情緒宣洩方面比較不利，女人哭像是天經地義的事，男人哭卻要有充分理據，男人倒不易做呢！」

輔導員是男人，他這樣慨歎，我也沒話好說。

是的，談起爸爸去世是一件挺難受的事，沒有爸爸在身邊，我便要更堅強。我是家中的長子，也是唯一的男性，妹妹比我年輕三歲。爸爸去世後，家庭的擔子和責任全放在我肩頭，我沒有選擇，哭哭啼啼也無補於事。年紀輕輕，我已學會堅強的重要。

【變身術】

突破社會文化禁忌，重新釋放你的情緒

你跟絕大多數的男人一樣，當面對失落時都會有哀傷的反應，只不過在成長過程中你被「教導」如何表現、「期望」如何表達，以及「預設」如何行動，再加上生理上的限制，你才變得冷血無情似的。

為什麼男人會對哀傷地帶感到陌生呢？原因可以追溯至童年，先看看男性是如何成長的。

自出生那日開始，社會就對男性賦予性別期望：你要表現得像個男孩，要較女性強壯，少談情緒及直覺，要表現得較有侵略性、任性、主動及靈敏；又要比女孩較獨立（自我依賴），懂得把事情分開處理，要玩戰爭遊戲而不是「煮飯仔」。男性自小已學會什麼是「男性化行為」，而因着這種行為，便不容許你開放自己的情緒。

男性自小被教導要禁閉情緒

原來男性在情緒上的不開放，是受到先天和後天兩方面的影響：

1 先天影響 ——「男女大不同」已不是什麼新發現。在情緒表達上，男人受到三個因素所影響：

第一，是男人的腦部設計有別於女人。男人左右腦之間的通道胼胝體（corpus callosum）較女人的小，並且包含較少的神經連接體。有一種理論認為，這差異令男人在表達情緒時比女人慢得多。

第二，是關於令人產生眼淚的荷爾蒙催乳激素(prolactin)。在幼年時期，男女的催乳激素分量是相近的，但到了青春期男人的催乳激素開始減少。在某一程度上，男人似乎注定要少流些眼淚。

第三，是有關一種影響心情的化學物質，稱為血清素(serotonin)，缺少血清素會產生好多問題，包括情緒低落。有研究指出，男人比女人產生較多血清素。結果，在經歷哀傷時男人較不易受到影響。

2 後天影響 —— 除了不同的性別期望，男人出生後還會受其他因素影響。首先，男孩會模仿父親，因為他發覺自己與父親頗為相似，與母親的差異則較多。因為這個緣故，他認同父親表達及壓抑情緒的方式。其次，男人自小就要接受「感受訓練」，「男人流血不流淚」、「男兒有淚不輕彈」、「男兒無所懼」、「男人不小器」等信息充塞着男人的腦袋，令他的感覺受阻。他唯一可以表達的情緒便是怒氣，因為那是表現男性氣概的「最佳」情緒。除此之外，男人在成長過程中也受到大眾傳播的信息影響。無論透過廣告或電影，男人所接收到的信息都是與猛男形象有關的，例如成功、競爭、金錢、女人及戰爭。當然，一個猛男絕不應受情緒所影響！

綜合以上所述，男人被期望有以下幾方面的表現：

一個男子漢要——

- 能夠控制一切。
- 有自信。
- 着重思想多於感覺。
- 有理性及分析能力。
- 性格剛毅。
- 有勇氣。
- 有競爭力。
- 有成就。
- 認識事物的機械性。

- 能夠忍受壓力。
- 表達怒氣。
- 能夠忍受痛苦。
- 有性能力。
- 酒量大。
- 能夠「安定」下來作丈夫及父親。
- 能夠供養家庭。

一個男子漢不要——

- 失控，包括對事情及對自己。
- 公開流淚。
- 表達害怕的情緒。
- 依賴別人。
- 缺乏安全感或感到憂慮。

- 消極。
- 孤單、傷心或憂鬱。
- 表達被愛的需要。
- 有典型女性化的特徵。
- 愛遊戲、玩耍。
- 觸摸其他男人。
- 性無能。

在一次車禍中，一個男人失去他的兒子，且聽他的真情自白：「有很多時候我想周圍去對人說：『喂，全世界的人啊！我也正感受到悲傷！我並不是你們所認為的那麼剛強。』」

你認同這個男人的內心感受嗎？其實，你跟絕大多數的男人一樣，當面對失落時都會有哀傷的反應，只不過在成長過程中，你被「教導」如何表現、「期望」如何表達，以及「預設」如何行動，再加上生理上的限制，你才變得冷血無情似的。

釋放情緒的可行方法

其實，你不需再受社會文化的影響，但你必須突破那些加諸你身上的禁忌，讓你可重新釋放情緒。以下是一些可行的方法：

1 嘗試回憶你所經歷過的重要日子，如畢業、結婚、生子，你當時有什麼感覺？

2 嘗試觀察你周圍的女性，看看她們如何與人交往。試從她們身上學習表達情緒。

3 嘗試回憶你的童年日子（你可找出你的童年照片或影片），看看你當時的各種情緒釋放方法，或觀察你目前周遭的小孩，如何自由生活在喜、怒、哀、驚、憂各種情緒中。嘗試從孩童身上重拾童心。

4 嘗試為感覺命名。由於你多年來把感覺壓抑，因此，對許多種情緒已感到陌生。你內心浮現的感覺大多是無名的，你需要給每種感覺起一個恰當的名稱。

5 最後一步便是將你的感覺具體化，即是將你的感覺表達出來。你可以找一位你信任的人傾訴感覺，或透過日記方式寫下感受。總言之，嘗試用不同的方式表達你的感覺，久而久之，便會脫離那情感禁區，進入活得真實、自在的世界。

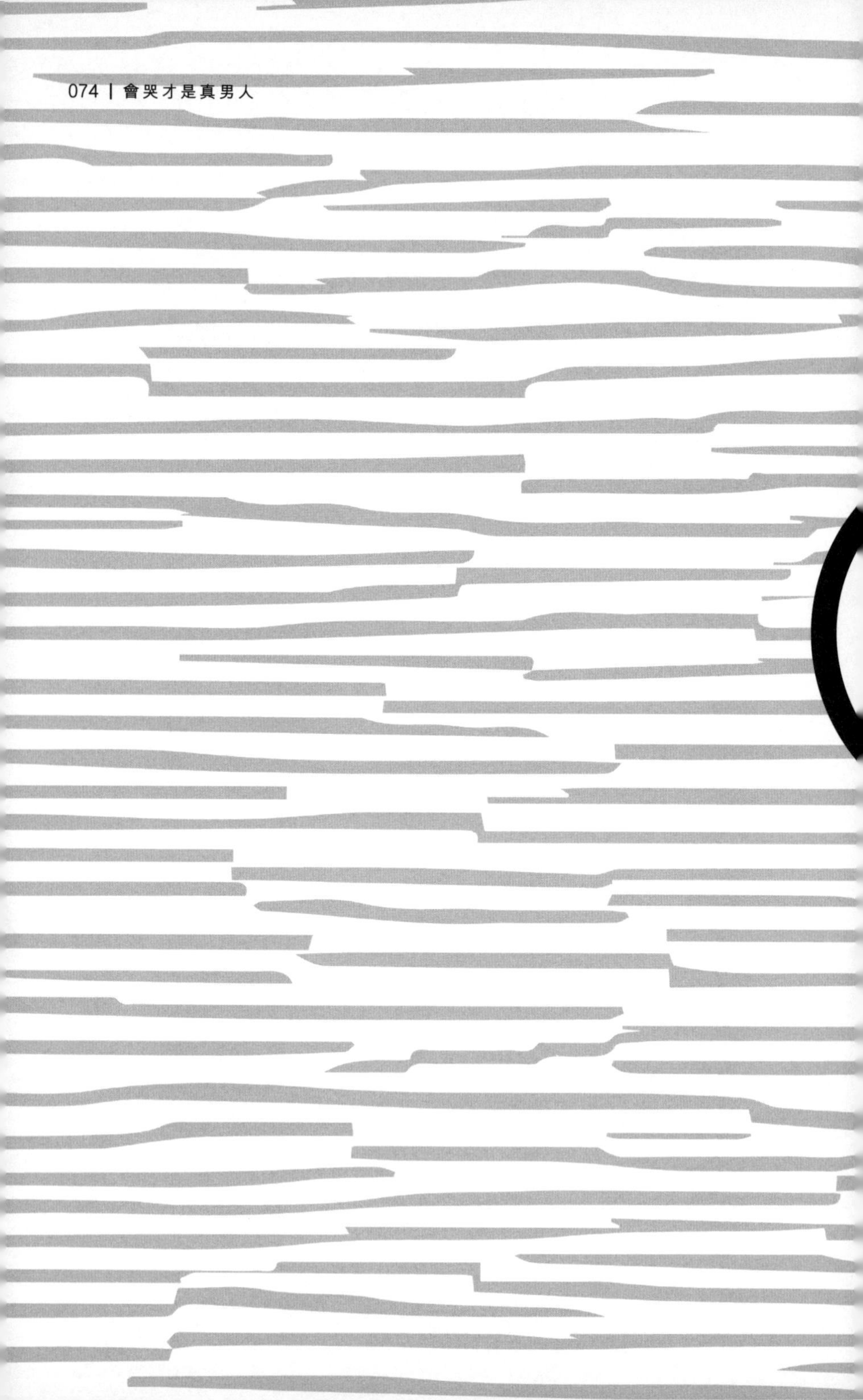

傷心日記四：

「也讓其他人關心和了解自己。」

或許，我也要戒掉只顧承擔困難、急於解決問題的習慣；我應讓困難懸在半空，好好體驗一下，也讓其他人關心和了解自己。

【二月八日】

今年的農曆新年是最難過的。往年與太太雖然已有衝突和問題，但在這些節日大家都十分「識做」，照樣拜年、派「利是」，若無其事，一片新年好景象。今年就麻煩了，知道這件事的親戚也表現得十分尷尬，不知該拿什麼話題來說，我也不知道派一封還是兩封「利是」好。小孩子不知就裏，多口問一句，我就不知如何回答。所以，除了見一些近親，今年都是避年為妙。

假期後第一天返工，心情比較釋然，公司的同事懂得避重就輕，不會觸到我的痛處。

放工後，又是上輔導中心的時候。

今天我主動談談過年的煩惱。事實上，除了這個節日，阿雪離開之後，有不少宴會或其他場合，對我都有一種壓力，像要向朋友交代什麼似的，但怎樣交代才對自己和她公允呢！連自己所住屋苑的茶樓夥計也問，為何那麼久沒有見到我的太太？我應該怎樣回答呢？爽快說：「對不起，我們分開了。」這會太坦白了嗎？到底怎樣說，才可以給我和阿雪都有個漂亮的下台階？

輔導員聽完我的牢騷，只輕輕回答說：「要適應沒有太太的生活模式，並要向不同的人作出不同程度的交代，真是一件不容易的事。」之後，他就沉默起來，像等我繼續說話。

我有點氣，我不是已將自己的問題和困難和盤托出了嗎？為什麼連一些提議方案都不給我？至少一兩句應急時用的說話也好，這算什麼意思？他只顧聽，不給我任何解決問題的方法，真是浪費我的時間！

或許，他看見我不滿意的表情，便說：「有些時候，困難的處境未必有完善的解決方法，重要的是你知道自己的需要和感受，勇敢地向不同的人說不同程度的說話便可以。或許，有時候身邊有朋友肯聆聽和了解，像你公司的過來人老趙對你的支持一樣，這些尷尬的日子總會過去。」他說起來也十分有道理，身邊的人其實有很多意見和方法提供給我，但總不及老趙輕輕拍我肩頭說句「老友，慢慢來，你的難處我也經歷過」那麼令人舒暢。

或許，我也要戒掉只顧承擔困難、急於解決問題的習慣；我應讓困難懸在半空，好好體驗一下，也讓其他人關心和了解自己。

說真的，這種感受是挺新鮮的。

男人也是人，他跟女人一樣，需要情感、溫柔和溫暖。男性氣概不是固定不變的。你需要不斷更新它。

有一個失落的男人因感到自己被忽略而埋怨：「在葬禮中，誰最得到別人的支持和安慰呢？我們都清楚答案是：女人。沒有人會走去支持男人的。女人獲得所有的支持，而男人及小孩卻得到很少、甚至沒有支持。人們常對小孩說：『為了你的母親，表現得剛強些吧！』卻沒有人會對父親如此說。」

明顯地，男人的哀傷與女人的哀傷，在別人眼中有不同的看法。似乎，女人的哀傷是一種真實的需要，必須給她支持和安慰，但男人就沒有這種需要。

男人沒有哀傷的需要？

我們要問：為什麼男人被認為沒有哀傷的需要呢？為什麼哀傷與男性是格格不入的呢？

其實原因不難找出，只要你分析以下真漢子必須服從的「男人的誡命」，就可知曉：

1　不可哭泣。

2　不可表現軟弱。

3 不需要情感、溫柔或溫暖。

4 只要安慰人而不需別人安慰。

5 只需幫助人而不需別人幫助。

6 只可撫摸別人而不需要別人撫摸。

7 要像鋼鐵一樣，而不是有血有肉。

8 男性氣概是神聖不可侵犯的。

9 要孤軍作戰。

10 要為所有問題提供解決方法。

從以上「男人的誡命」來看，你明白為什麼男人不可以有哀傷的表現嗎？你又明白男性為什麼不能盡情抒發哀傷之情嗎？

不過我們還要追問下去，為什麼男人必須遵守「男人的誡命」呢？原來這些誡命的設立，是為了讓男人能夠做好兩個重要角色：保護者及供養者。

作為一個保護者，你必須確保你的家人得到安全、健康及幸福。你要隨時留意周圍是否會有危險臨到，危害你家人的安全、健康及幸福。就算你感到害怕，「誡命」會提醒你不可表現軟弱。你要支撐下去，不能有半點退縮，並且要「孤軍作戰」，沒有支援、沒有幫助；更別忘記你要像鋼鐵一樣，是打不倒的。你必須做好你的保護者角色，向別人展現你那「神聖不可侵犯的男性氣概」。

除了做好保護者的角色外，你還要做一個全面的供養者。你要供給家人物質及非物質的需要。要成為一個高水平的供養者，你便要做到「誡命」定下的標準：安慰人、幫助人、撫摸人，而不需要別人的安慰、幫助、及撫摸，因為你「不需要情感、溫柔或溫暖」。要做到一個全面的供養者，你需要「解決所有問題」。

保護者的焦點，應放在別人情感上

如果，一個男人認真地肩負起他保護者及供養者的角色，就會把焦點放在別人的情感上。南非前總統曼德拉（Nelson Mandela）因女兒的死亡而感到十分不安。他如何處理失落的情緒呢？他回憶說：「我的妻子感到心煩意亂，而我處理自己的哀傷的方法就是去減輕她的悲哀。」昔日曼德拉所採取的，也是今日許多男人擔當保護者角色時所持的態度。

「男人的誡命」中的首項「你不可哭泣」是男人的「要害」。如果男人能面對痛苦、傷心、失意而不掉一滴眼淚，他就會被冠以「真男人」的稱號；相反，他的眼淚就會令其英名盡喪。男人其實清楚知道，他的眼淚並不為人所接受。許多人不想見到，不願想起或提及男人的哀傷。試想一想，在電視中男人是如何表現自己的？努力工作、參與運動、對抗勢力、殺人及被殺等……但你可曾見過，一個極度傷心的男人出現在熒光幕上？相信只有一處地方可以讓男人公開流露他的情緒，那就是在球場上。

然而，當這兩種男性角色內在化及成為標準時，許多問題會因此而產生，最明顯的是當你處於失落與哀傷時。從許多方面來說，「哀傷」對男人的要求正跟「社會」對男人的要求相反。哀傷自有它的意志，不容許你左右它。它隨自己的意思何時來、往哪裏去。哀傷令你不能假裝鎮定，因為它會把你整個人翻轉過來，大大削減你的保護能力，又令你對一切事物失去控制。簡言之，文化對男性的理想要求，會抗衡男人經歷哀傷的現實。

出路：擴充「男人的誡命」之內容

如何化解以上兩者的衝突呢？你可以從「男人的誡命」入手，擴充它的內容，使之成為一種更人性化的信念：

1 當你需要剛強時（如伸張公義），眼淚可能削減你的對抗能力；但當你遭遇不如意事時，眼淚可以助你紓解壓力。

2 作為一個領袖你需要採取主動並有決斷力，但有時你也要學習處於被動和順服，也要承認自己有許多軟弱的地方。

3 男人也是人，因此，你和女人一樣也需要情感、溫柔和溫暖。

4 你不只安慰人，在傷心、失意之時你也需要別人安慰。

5 你不只幫助人，在許多困難的事上你也需要別人幫助。

6 男人也需要別人撫摸，因為他同樣有「皮膚的飢渴」(skin hunger)，有彼此滿足的需要。

7 男人堅硬卻易碎。他可以表現剛強，但也容易受到傷害。

8 男性氣概不是固定不變的。你需要不斷更新它，使它變得更成熟、更人性化。

9 在工作上，你需要獨力承擔，但在生活上你需要朋友、團隊及支持系統，尤其是處於哀傷之時。

10 你要努力去解決問題，但也要有勇氣和智慧去承認有些問題是過於你所能解決的。

換個角度看，「哀傷的經驗」與「更新的男性」，兩者是完全沒有衝突的。

傷心日記五：

「難道我真的比不上其他男人？」

我不是一個負責任、努力工作、上進的丈夫嗎？她不是說過最愛的是我嗎？為何反目後，連一張與她一起的合照都要拿走？

【二月廿二日】

說也奇怪，或許已習慣每兩星期上輔導中心一次，當日子臨近就有一種期盼的感覺。

今天因為沒有什麼迫切的事要說，他便問我是否樂意舊事重提，叫我談談在整個分離過程中，最痛的是什麼事情。

我沒有任何心理準備，有點措手不及。

最痛的是什麼？我反問自己。或許是自我防衛機制使然吧，痛苦的事情，很快就會忘記。本想跟他說我記不起來，但忽然瞥見輔導室內掛了一個風景照，相架中的景象突然把我帶進一個時光隧道中……這是阿雪搬走後兩星期發生的。那天我如常的加班後回家，打開大門，感覺屋內有點凌亂，像有人進過來似的。我心想，真倒霉，已經失去了太太，還要再失去些什麼？慌亂之後，數點失去了些什麼。很奇怪，貴重物品都在，只是所有相架內的照片不見了！不，不是所有，而是阿雪的單人照以及和我一起的合照都不翼而飛！

我才恍然大悟，阿雪趁我不在的時候，回來把所有與她有關——我僅餘快樂的回憶片段都拿走。她真的這樣恨我？她太殘忍了！我連忙翻看相簿，情況完全一樣。我用力地擊打地板，發洩心中的憤怒。我問，愛為何會變成恨？她為何這樣無情？當晚，我呆坐在沙發上，聽着林子祥唱的《最愛是誰》，心中充斥許多疑問：難道我真的比不上其他男人？我不是一個負責任、努力工作、上進的丈夫嗎？她不是說過最愛的是我嗎？為何反目後，連一張與她一起的合照都要拿走？

輔導員問我：「事後怎樣？」

我說沒什麼，翌日如常返工，叫鑰匙工匠來換鎖，避免歷史重演，然後將事情忘掉，不向任何人重提，像沒有發生過一樣。

要不是輔導員問起，我或許也不會容許自己再想起這事。打從那天開始，我把屋內所有相架全部收起。

輔導員風趣的回答，指每個人心中都有一些不能除去的「相架」，重新走近需要很大勇氣。我願意把事件說出來，便對我的勇氣十分肯定。

回到家中，我衝動想翻翻一些舊照片，一些阿雪還沒有取去的回憶。最後，我還是沒有勇氣拿出來。

難道，面對哀傷就是要翻閱這些令人心痛的照片？

累了，今晚耗了我不少精力。

保持緘默通常會被視為離羣、神秘或有防禦性。當你不說話，把感受藏在心裏時，你的家人、朋友及周圍的人都會認為你漠不關心，甚至會認為你是個無感情的人。

男女大不同，處理哀傷的方法自然也有所不同。一直以來，我們傾向以女性處理哀傷的方法作為標準，例如自由表達情緒、找朋友支持、流淚哭泣、尋求各方面的幫忙及不急於完結哀傷的過程，以致忽略男女在處理哀傷上的差異。

男人處理哀傷的典型方法

由於受到社會文化期望的限制，男人傾向抑制哀傷的情緒。一般來說，男人處理哀傷時會採用以下幾種方法：

1 保持緘默，埋藏於心——絕大多數男人面對失落時的反應大致相同，就是把他們的想法和情緒藏在心裏。他們似乎沒有需要向別人分享自己的內心感受。其實，不善於表達已是一個典型的男性問題，再加上壓抑情緒，當面對哀傷這種十分複雜的情緒時，男人自然會「盡在不言中」。許多男人更認為，當眾流淚或表現悲傷情緒，是一件令人感到羞恥的事。

你可能認為，不說話或少說話能保護自己免受傷害，或不用交代自己的情緒。但保持緘默通常會被視為離羣、神秘或有防禦性。當你不說話，把感受藏在心裏時，你的家人、朋友及周圍的人都會認為你漠不關心，甚至會認為你是個無感情的人。

保持緘默的表現雖然可以理解，但它的副作用卻是可悲的。不少男人忍受了多年、甚至十年以上的痛苦悲哀，仍未能表達出來。

2 獨自哀悼或「秘密哀傷」—— 許多男人覺得單獨哀悼較容易接受，例如你會獨自前往親人的墓地，以致可以在沒有熟人的情況下表達哀傷之情。男人有這種表現不難明白：

第一，因為男人的本質是「自主性」而不是「關係性」。

第二，由於男人不想自己那些「無用」的哀傷情緒煩擾他人。

第三，由於男人本身對哀傷的情緒感到不自然。

社會文化的某些期望，可能直接與男人的「秘密哀傷」有關。作為一個男人，你不可公開表達孤單、悲傷或憂鬱的情緒（除非你透過一種社會可接受的藝術形式去表達，如哀歌），更不可表現無助或公開哭泣。

一個男人（尤其是公眾人物）哭泣會變成新聞，甚至是頭條新聞。美國報章 *The Associated Press* 在 1988 年 11 月 3 日報道英國皇儲查理斯王子的一段新聞：

「在星期四查理斯王子的滑雪隊伍遇到雪崩，他的一位好友被活埋。英國儲君並未受到傷害，但一個目擊證人說當一架拯救直升機到達現場時，王子戰兢並且哭泣起來……」

傳播媒介的信息是清楚的：男人不應該哭泣，倘若他們流淚，那就有新聞可造！難怪男人不敢公開表達哀傷，免得被人恥笑為非男子漢。

保持緘默加上單獨哀傷，很容易會令男性的哀傷得不到解決。未解決的哀傷會引致很多身體上的問題，諸如失眠、胃潰瘍、心臟病甚至癌症等，也會令人陷入憂鬱、生怒或引發暴力攻擊。

3 採取行動作回應 —— 男人傾向用行動來處理哀傷。雖然思想與行動上的獨立性是男人的強項，但他們卻不善於處理內在的情緒。因此，男人通常在遭遇失落之後立刻採取行動。有一對夫婦痛失兒子，太太終日哭泣而丈夫卻走出去把許多棵樹砍下來。有研究指出，男人採取行動目的是嘗試去「控制」失落。由於失落的來臨令男人不知所措，因此他們需要透過某些行動找回對事物的控制權。

以行動來處理哀傷是好是壞，那就視乎你採用「建設性」抑或「破壞性」的行動。可惜，男人所重視的控制權往往與怒氣、競爭、攻擊甚至暴力連結在一起，以致他們傾向採用破壞性的行動來處理哀傷，例如破壞東西或傷害他人。

4 保持忙碌，沉醉工作——與採取行動有密切關係的反應，是保持忙碌。許多男人經歷失落，特別是失去親愛的人的時候，會傾向埋首於工作或家務中。工作或家務並不會構成多大的傷害，但若你進行一些危險的活動，如醉酒駕駛或過度性行為，那就會構成嚴重傷害。

「採取行動」或「保持忙碌」會剝削你面對自己內在感受的機會。你愈忙碌，你的哀傷就愈受到壓抑，因為你根本沒有時間安靜下來，好好聆聽哀傷的情緒。難怪喪偶的男性比喪偶的女性死亡率高，而哀傷的男性碰上意外的機會亦較高，並較易出現各種健康問題，如高膽固醇、高血壓和哮喘等。

以上四種是男人處理哀傷的典型方法，但其實並沒有給男人多大幫助。在某程度上，它們還可能對你構成身心傷害。原因是它們只是一種從外而來的處理方式，而不是發自你的內心。若採用這樣的方式，會令你難於完善地處理失落與哀傷，只是把它壓抑、埋藏掉。其實，它仍然存在於你的內心，一直未經處理。許多男人，甚至把哀傷埋藏內心長達數十年之久。

這種外在處理哀傷的方式會給你帶來負面後果，包括：

1 若找不到合適的人或物讓你去發洩，便很難處理失落。

2 你會學不到正確的處理方式（如自我反省、反思導致失落的因素），以及錯過將來可行的新處理方法等。

3 若你經常訴諸於外在方式，會對自己的內心世界一無所知。

4 以上這些行為，可能會令你產生跟別人疏離的傾向，甚至把未解決的哀傷投射到親近的人身上。

處理哀傷的健康手法

為健康着想，你有必要改變處理哀傷的方法。你大可參考以下的手法：

1 說出你的哀傷故事——把哀傷埋藏並不能解決問題，相反，它只會透過其他途徑傷害你。你毋需因此而受苦。你目前的不快樂大有可能與你未解決的哀傷有關。因此，把自己從未解決的哀傷中釋放出來，第一步就是說出你的哀傷故事。

2 善用眼淚的力量——流淚是男人的大忌，但禁止哭泣卻帶來身心的傷害。哭泣是治療情感或身體痛苦最直接又即時的方法。你要多多向女人及孩童學習流淚的功課，切勿將悲傷埋葬，將傷心封閉，反而要好好善用你的眼淚，讓哀傷找到出口。

3 以健康活動抒發哀傷——男人可以透過行動處理哀傷，只要那些是健康的活動。所謂「健康的活動」是指藉着某些活動，讓你可以抒發內在哀傷之情。了解所從事的活動，便可大概知道處理哀傷的進度。讓自己有一個具創意的方法去盛載哀傷吧！

傷心日記六：

「事業上了軌道，生活卻不快樂。」

在感情上我更是一個失敗者。被人拋棄，這是一件可恥的事。

【三月一日】

這星期真不好過。上星期臨離開輔導室前，輔導員給我一篇有關哀傷過程的文章，叫我有空看看，並檢視一下自己在什麼階段。我只翻了翻就不想看下去，自從談起相架的事件，這星期思緒便十分混亂，太多過去的片段浮現，連一些工作上重要的事情，都差一點誤了。老趙也察覺得到，只向我微笑，拍拍我的肩，像是知道我正經歷的一切似的。

我記起阿雪提出分手的片段，我不斷哭着問她，我做錯了什麼？我不是一個好丈夫嗎？我踏進 IT 這行業，正值開墾、搏殺、爭出位的黃金時期，開 OT 是行內常規，我已經儘量抽時間陪她。我承認自己有時候無心裝載她的感受，但她絮絮不休，來來去去都是談娘家的問題、公司人事糾紛。我提供了意見她又不照着行，我也無能為力。

我記起曾經叫她給我機會，她說已經給了我很多次。

我猜她有一定有新歡，她後來亦承認，但說是對我心淡、決定要離開我之後才出現的。她離開不是因為第三者的問題，而是在婚姻中不快樂，與我相處不來。她又說我太理性、太偏頗母親的意見，因而忽略她的感受。當工作、母親的地位都在她之上，便對我十分失望。

我記起她走的那天，我攔着大門，她哭着說：「沒希望了，你放過我吧！」我呆住了，知道再攔阻也沒用。

我記起我借酒消愁的日子，幸好那些朋友總是陪着我，叫我發洩要適可而止，在我未酩酊大醉前就送我回家。

我發誓，我不要比她將來的丈夫差，我要努力工作，我不要給她看扁。我要證明，沒有了她，我仍然可以過活，甚至活得非常快樂！

可惜我做不到。事業上了軌道，生活卻不快樂，在感情上我更是一個失敗者。被人拋棄，這是一件可恥的事。

我能夠接受這件事嗎？

我可以好像文章所說，有一個新的開始嗎？起初，我是滿有信心的。現在，我開始動搖。原來，我仍然很愛阿雪，我想彌補對她的傷害，為何她不給我機會？

我惱我自己，以為事業穩固，婚姻也自然穩固。我也恨阿雪的無情。

想起這些太痛了。

夠了，早點睡吧！

哀傷者的情緒變化是複雜、不規則、非邏輯性的。把哀傷形容為跳舞的步伐會較為適合——忽左忽右、時前時後及團團轉。

要去一處陌生的地方，你最需要的是一張地圖。哀傷地帶是一處男人感到陌生的地方，因此，為自己提供一張哀傷地圖，是最需要不過的事。

在過去，研究哀傷的專家傾向把哀傷形容為一個分階段進行的過程，但這樣的形容並不符合現實，因為哀傷者的情緒變化是複雜、不規則、非邏輯性的。把哀傷形容為跳舞的步伐會較為適合 —— 忽左忽右、時前時後及團團轉。任何為哀傷定下特定模式的說法，必須考慮當中許多的變數以及個別的差異。但一個典型的哀傷發展，是可以用一個旅程模式來形容。以下嘗試繪畫出一張你需要的哀傷地圖，以便完成哀傷旅程：

1「令人懷疑」的地帶 —— 當失落出現，尤其是那些突如其來的失落發生時，你會感到震驚。整件事的發生似乎很混亂且不真實。你對自己說：「這是沒有可能發生的！」你完全無法接受所發生的事。當你陷入震驚之中，就會感到一段暫時性的麻木。出現這種感覺是正常的，並且有正面的作用，把你從激動的情緒中抽身出來，避免你一次過承受所有因失落而帶來的壓力。

你也可能會否認所發生的事。當人面對重大打擊而無法立刻接受時，就會否認。跟麻木的感覺一樣，否認也有正面作用——保護你免被壓力打垮。除特殊情況，一般來說「否認」會在特定時間消失。

2「感到痛苦」的地帶——當「震驚、麻木、否認」的保護性作用過後，失落的傷痛就會出現。你會被許多種情緒侵襲，甚至被淹沒。男人通常所經驗到最強烈的情緒，包括傷心、孤單、無助、內疚以及憤怒。當你已接受失落的事實時，就會表現出憤怒的情緒。你的憤怒大多數是外向性的，即是你會將導致失落的責任推卸在別人身上，如遷怒於醫務人員、牧者、家人，甚至上帝。

你也可能會把怒氣發洩在已死去的人身上，怪責他沒有留下遺言便離去，或留下你一個人獨力支持。或許你如不少人一樣，會倒過來怪責自己。當憤怒轉向自己時就會生出內疚來，你認為自己要為一切的失落負責。因此，你會怪責自己甚至懲罰自己。你口中常常會重複一句話：「如果我這樣……如果我那樣，就不會發生這件事了！」你不必壓抑或抑制憤怒，要讓它適當地抒發。至於內疚，則需要客觀地辨清現實，讓真相去平衡這情緒。

除了感到情緒上的痛苦外，你的身體也會感到不適，諸如頭痛、腸胃不適、四肢痠痛、失眠、食慾不振或饞嘴、不安、情緒低落、煩躁、疲倦、沒精打采、肌肉緊張、記憶力差、不能集中注意力、心跳加速、皮膚敏感、呼吸急促、胸口痛、頭暈等等。然而身體的不適是哀傷旅程中正常的部分，不必過分擔憂。

3「開始接受」的地帶——若拿四季來形容哀傷的經歷，你現在正是從冬季緩慢地進入春季的時候。在嚴寒的冬天裏，時間過得很慢，甚至乎停頓下來。生命變得十分灰暗，而你也變得沒精打采，感到失望與憂鬱。你的思想不停地往返於過去的回憶與未來的憂慮之間。大多數男人在此時候貌似處之泰然，在他們的內心卻翻起大浪。這時應嘗試拋開不再有用的舊東西，以便留空地方給將要來到的新事物。

冬天過後是春天的來臨。春天帶給你的啟示是什麼？無論人生的歡樂如何被冬天的冰雪埋藏，但總會有春回大地的一天。你的力量與興趣開始恢復過來。你對生命的控制也逐少、逐少累積起來。你學習到寬恕一些人和事，也懂得忘記一些其他的東西。你已開始把失落視為生命的一部分，而不是分割的。雖然你有時仍會感到傷心，但你已有了新的希望。

4「更新生命」的地帶── 恭喜你，你已到達哀傷旅程尾站。你的哀傷始於深刻、痛苦的打擊，但它可以以一個更新的生命作為結局。不過，要獲得這種生命視乎你抱持怎樣的態度。

以下是不同的態度，你認為哪些可令你的生命得着更新？

- 你永遠無法從死亡的陰影中跳脫出來。
- 只有時間能治療一切。
- 沒有人能為你分憂。
- 你所承受的痛苦是上帝的旨意，你不該有所質疑。
- 如果保持忙碌，哀傷自然會消失。
- 你可以在經過各種挫折之後，重新擁有圓滿的生活。
- 要從哀傷中復原需要很長時間，也需要下很大功夫。
- 要很多人助你面對哀傷，尤其是那些有相同經歷的人。

- 上帝從不想讓你或你所愛的人受苦或死去，但人最終總是難逃一死。

- 若你試圖以忙碌來逃避現實，反而會使你的哀傷無法完結，甚至會變成病態的哀傷，破壞你的一生。

從哀傷的旅程走出來，你已不是以前的模樣，因為你已改變了很多及成長起來。你已把感情投資在新的關係或新的事物上。你已超越失落與哀傷，以一個更新的生命繼續活下去。

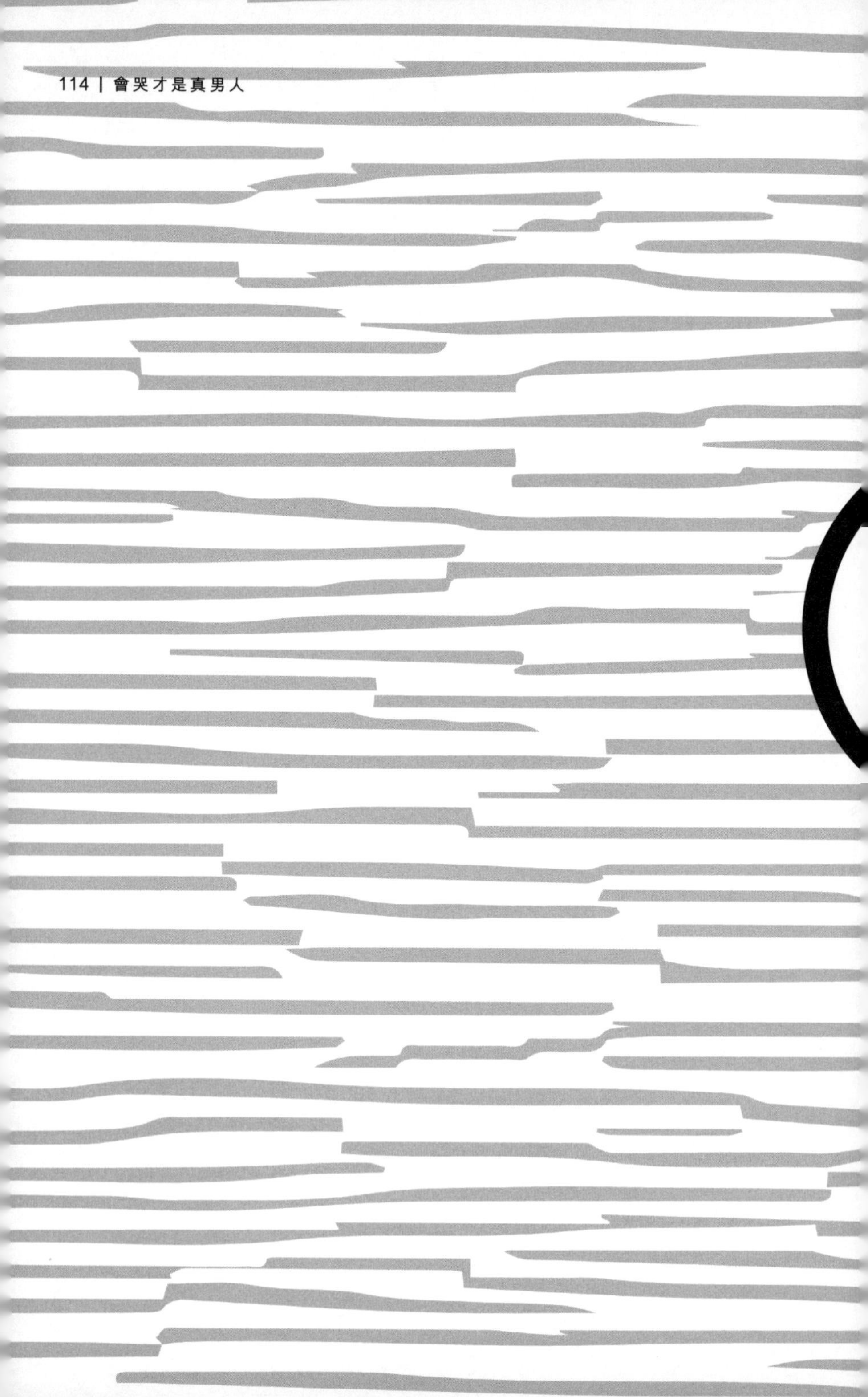

傷心日記七：

「既然哀傷是份工作，就得好好完成它。」

我覺得他用「哀傷工作」來形容我的情緒起伏十分特別，用「工作」來形容它們，似乎較容易接受，畢竟工作是男人生命的一大部分。

【三月八日】

這星期完成了一個大 project，幸好一切順利，沒有給自己起伏的情緒弄糟了，也趁機放幾天假，給自己一個喘息的空間。

雖然是放假，但腦際仍然想着阿雪的事，心情有點恍惚，今天上輔導室見輔導員之前，也到過與阿雪初次約會的地點走走，同樣是花墟公園，景色依舊，但人面全非。

踏進輔導室，輔導員見我一身便服打扮，就問我是否放假，還打趣說，為何放假還是這樣疲累。我便簡單告訴他，自己這兩星期來，因為回想起與阿雪的事，情緒有很大的起伏。他輕輕點頭，似乎對我的疲態恍然大悟，更為我作了一個很有趣的註腳。

他說：「你雖然放下公司的工作，卻進入另一種工作狀態，可說是『哀傷工作』(grief work)。你正在跟失去太太這痛苦的事實糾纏，你內疚、憤怒、疑惑、想彌補、挽救婚姻，為大江東去的現實而難過，這些都是一個經歷哀傷的人要做的『工作』。你能夠放大假來做這份更具挑戰性的工作，是個很好的安排。否則，同時做兩份工，可能會應接不暇。」

我覺得他用「哀傷工作」來形容我的情緒起伏十分特別。以往，我不大接受自己有那些情緒的出現，用「工作」來形容它們，似乎較容易接受，畢竟工作是男人生命的一大部分。既然哀傷是一份工作，我就得好好完成它。

他告訴我要好好讓自己感受分離帶來的痛楚，他知道我有寫日記的習慣，就鼓勵我不妨將自己的心路歷程，較細緻的寫下，將一些難以名狀的感受分辨出來，這能夠幫助我理清自己的困擾。他說我已經慢慢適應自己獨立地生活，沒有太太在身邊仍然能夠起居如常。除了家人的支持外，他稱讚我是一個十分硬朗（tough）的人。不過，他說一個硬朗的人，也可以有軟弱的時候，只要 feel easy 就可以。

最後，他還補充，或許有朝一日，我的情感會有新的「投資」對象。我雖把這話聽在耳中，心卻說這不大可能。傷過一次，我哪還有勇氣面對第二段婚姻呢？身邊為我處境不忿的人常說：「以你大好人品，又有事業基礎，不愁沒有好女孩作對象。」我對這些好心人只是一笑置之，在我心目中，這是一些很遙遠的事。況且，我已對自己的感情事失了信心，不知什麼時候才能重建。

或許先做好面前的「哀傷工作」才是上策。

原來，面對自己是一件頗疲累的事，希望在復活節快到，可以放一個更長的假期。

哀傷是一種積極的經驗，處理它是一種必須的工作。哀傷不是一種消極的情緒，而是處理失落所帶來的改變方式。換言之，若一個人不經歷哀傷，他就永遠停留在過去而沒有現在和將來了。

許多人，包括男人在內，都把哀傷看為一種消極的經驗，誤以為愈能逃避或脫離它就愈好。有這種想法原因在於人們把哀傷視為：

1 一種軟弱的表現，尤其是男人更拒絕面對它，怕有損他們的男子氣概。

2 一種疾病，屬於功能性的精神疾病，需要克服。

3 憂鬱，因為哀傷會引發類似憂鬱的表現，例如哭泣、食慾不振、失眠、乏力、焦慮、頭痛，甚至有自殺念頭。

哀傷非病徵和軟弱表現

以上都是對哀傷的誤解。哀傷不是一種病徵，更非一種軟弱的表現。哀傷是一種正常的情緒表現，是一種對失落的情緒反應。進一步來說，哀傷是一種積極的經驗，處理它是一種必須的工作。哀傷不是一種消極的情緒，而是處理失落所帶來的改變方式。換言之，若一個人不經歷哀傷，他就永遠停留在過去而沒有現在和將來了。

對傾向以工作為中心的男人來說，「哀傷工作」（grief work）的觀念相信較為容易接受。哀傷的工作包括完成以下四個任務：

1 哀傷者必須接受失落的事實。否認失落的事實就會延長哀傷的過程，嚴重的會變成病態的哀傷。

2 哀傷者必須接受哀傷是痛苦這一事實。用任何方法去麻醉或減輕哀傷的痛苦，只會阻礙哀傷的過程。

3 哀傷者需要適應新的生活環境——失去伴侶的生活環境。不能脫離依賴而獨立生活的人，會把哀傷過程延長。

4 哀傷者需要將他的感情轉移，重新投資在新的關係上。這並非出賣或故意忘記已死去的人，而是讓生活繼續下去。

以上的任務對一個哀傷者來說是十分困難的。他必須克服那股令他追溯過去的巨大吸引力，然後才可以轉向開展未來的生活。因此，哀傷不單是一項工作，更是一項「艱巨的」工作。

準備好迎接「哀傷工作」的挑戰

作為一個男人，你是否準備好迎接「哀傷工作」的挑戰？縱然你有很多理由討厭這位不速之客，但你將會發覺處理它最好的方法不是驅逐它，而是迎接它進入你的生命中。為什麼？因為哀傷有一個重要的目的：它幫助你獲得醫治，令你逐漸復原，又會告訴你如何從失落中成長而不致被打敗。事實上，你只有透過哀傷才能得到醫治；若你不肯面對哀傷，你就無法向前走。

因此，容許哀傷做它的工作，無論進展如何的小、如何的慢。當你肯哀傷一會，你就能向前跨進一步，直至你完全獲得醫治為止。

要做好哀傷的工作，你必須評估自己的力量。通常你對於自己勝任的工作會做得更好；相反，在你能力以外的工作必定較難做得成功。

你可以問自己以下的問題，嘗試找出自己天賦的力量：

1 你精於什麼？

2 你最期望做什麼事情？

3 什麼是你的第二本性，就是你不需加以思考都可做到的事情？

4 什麼事情能令你引以為傲？

5 什麼事情令你獲得成功？

6 別人在你身上看到什麼正面的素質？

四類天賦的力量

經過自我分析後，你的力量可能屬於以下幾個類型：

1 思考型——如果你精於邏輯及客觀分析，那麼就好好善用你這種力量。細心分析所發生的事情及想出一個處理方法，為自己定下清楚的目標及可行的計劃。由於你喜歡思考，你可以閱讀有關危機處理及失落的書籍，一方面幫助自己，另一方面可以成為別人的幫助。

2 活動型——如果你是一個活動型的人，你可以透過不同種類的活動，例如運動、旅行、服務、設計、訓練等，把你的哀傷釋放出來。你可以為自己定下一個活動目標，如參加比賽，這樣你就能把哀傷與活動連結在一起，透過活動的力量，逐步處理哀傷。

3 人際型——如果你喜歡社交生活，可以找一些你信任又願意聆聽的朋友，把你的感受與他們分享。或者，你可以參加一些男性成長小組，與組員分享你的經歷。透過彼此的分享，你將會獲得力量去處理哀傷。

4 創作型——如果你是一個富於想像及創作的人，那麼，你可以利用創作的方式去處理哀傷。繪畫、雕刻、作曲或寫作等方式，都可以幫助你抒發哀傷情緒。你所完成的作品更可以留為紀念，標誌着生命中一段難忘的經歷。

哀傷是一項艱難的工作，因此，你必須評估自己的力量，然後採用最能發揮你力量的方式，去完成哀傷的工作。每個男人都有自己獨特的方式去處理哀傷，沒有好壞或強弱之分，也不用和別人比較，他人的經驗只可作為參考。記着，每當你透過自己獨特方式處理哀傷時，你就愈接近痊癒的階段。

傷心日記八：

「眼淚似乎可洗滌心靈，心中重壓輕省了。」

有見證人在場的眼淚給我一種特別的感覺，彷彿自己的哀傷是有人分擔的，我的痛是有人了解和共鳴的。

【三月二十二日】

這太突然了，像失控似的。

此刻回想今天在輔導室落淚的過程，真的有點矛盾。對着一個了解自己故事、給予我安全空間去處理情緒的輔導員，大哭一場，該是一件平常事；但另一方面的我，卻像在取笑自己，一個大男人為什麼在另一個男人面前落淚？這不是一件很丟臉的事嗎？可是另一把聲音又說：哀傷、落淚不是一件必須完成的工作嗎？與其一個人獨自承受這多個月來感情上的煎熬，為何不痛快的讓一個有經驗的嚮導，幫自己走出這死蔭的幽谷？落淚用不着先領通行證吧！

在公司、家人面前戴上「I am OK」的面具已好一段日子，在這斗室中，我要勇敢做一個可以真情流露的男子漢。

事情是這樣的。今天母親給我電話，說一位親友看見阿雪跟另一個男人在百貨公司購物，表現得十分親熱，他們關心的向母親問我的近況。這電話直像一個宣判死亡的噩耗——沒有回頭路了……這覆水難收、此情不再的事實，令我放下電話後，良久未能平靜，我再一次面對婚姻關係死亡這冷冰冰的事實。我一直都不想承認，還以為日子久了，她心情平伏後，或許有機會破鏡重圓，現在什麼都沒有了，夢幻終有醒覺的一刻。

就這樣說着、說着，眼淚都忍不住，流了出來，本想自控，拚命把它鎖在眼眶內打轉，但輔導員輕聲的說：「別再壓抑自己，你太難過了，讓自己好好哭一場吧！」

臨離開之前，他還說我十分勇敢；面對自己的痛楚，不逃避、與之共舞共淚是一個勇敢男子漢的表現。他像老趙一樣，輕拍我的肩頭，那份無言的接納，讓我有勇氣往哀傷的旅程多走一步。

眼淚似乎有洗滌心靈的作用，現在心中的重壓輕省了，有見證人在場的眼淚給我一種特別的感覺，彷彿自己的哀傷是有人分擔的，我的痛是有人了解和共鳴的。

我記起有一次陪老趙喝酒，他正面對太太離開的階段，說到一些傷心處，他也落下男人的眼淚。我當時有點不知所措，只給他一張紙巾，事後他衷心的多謝我。我現在才明白，有人見證、聆聽的眼淚是有治療作用的。

但我心中仍然有一個疑惑，哭過又怎樣？我還要等多久才完成這哀傷的工作？

有人把哀傷比喻為一位訪客。這位訪客暫時住在你家。雖然他給你帶來不便，但你記着他只會暫住一段時候，之後就會離開。

對一個典型的男人來說，勇氣是不可或缺的。為了做好「供養者」及「保護者」的角色，我們絕不能向人示弱，更不能退縮。你可記得小時給人欺負，然後走回家向父親哭訴的情況？你的父親怎樣回應你的表現呢？他有否責備你軟弱無能？他有否要求你作出報復、反擊，讓人知道你是不好惹的？

童年開始，就被迫當猛男

其實，自你童年開始，你就不斷接受「要勇敢」、「要剛強」的信息。到目前你已把從各方而來的猛男形象內在化，以致你把自己變成一個剛強且寡言的男子漢。你可能一直認為做一個剛強、寡言的男人可在生活上大派用場。在工作上，你給對手一個莫測高深的印象，令人知難而退。在管理方面，你的形象令你的下屬望而生畏，唯命是從。在家庭生活中，你確立一家之主的權威，無人敢向你挑戰。你享受剛強帶給你的許多好處。

這些有關勇敢、剛強的觀念，以及它們所帶來的好處與功能，或許在你過去的生活中相當受用，但你目前所遭遇的失落與悲痛，卻把你帶到一處無用武之地。你頓然發覺你的勇氣派不上用場，覺得很害怕，怕得不知所措。當你覺得沒有勇氣去面對失落時，讓我告訴你：你的失落與哀傷經驗，正呼喚你給「真正的勇氣」賦予一個全新的詮釋。

1 拿出勇氣來與哀傷共處——有一個神話，講述一頭很可怕的食人海怪，牠有兩個頭，凡遇見牠而想逃走的人都會被生吞。有一次，有個人遇上海怪後無路可走，他只有站立不動。海怪的兩個頭臨到他的兩旁，互相注視，最後牠沒有吞吃那個人，因為牠一直在尋找一個勇敢的人。

哀傷正像那隻海怪一樣，令你完全失控。你會傾向逃避它，用各種方法消除它，或假裝它不存在。事實上，許多男人在面對哀傷時會借酒消愁，或陷入各種上癮的行為去逃避失落。但這個神話所帶出的信息是，消除哀傷的唯一方法，就是正面面對它，不逃避、不隱藏、不假裝它不存在。

與哀傷共處，你需要拿出極大的勇氣，一種真正的勇氣。你需要重新界定何謂勇敢表現：

- 以前你認為勇敢的行為是抑制情緒，但現在知道真正的勇氣是敢於流露各種情緒，包括哀傷的情緒。

- 以前你認為流血不流淚是勇者的表現，但你現在認識到敢於在別人面前流下自然的眼淚，才是真正勇敢的表現。

- 以前你認為勇氣是假裝沒有什麼事發生（而事實上是真的有大事發生），但你現在學曉真正的勇氣，是承認確實有重要的事情發生了——失去對你非常重要的人或東西，並感覺到它對你的影響。

2 拿出勇氣處於張力之中——你若想獲得醫治，就要勇敢地站穩而不逃避。站穩之後，你就需要給每種發生的事情命名，然後感受它們所帶來的張力。男人傾向以目標為中心及往外發展，但哀傷要求你慢下來，正如神話中那個人一樣靜靜觀察海怪的一舉一動。同樣，你需要檢視你的內心世界，看看哀傷所帶來的混亂。你也要留意張力對身體所造成的影響。

有人把哀傷比喻為一位訪客。這位訪客暫時住在你家。雖然他給你帶來不便，但你記着他只會暫住一段時候，之後就會離開。同樣，你也要忍受哀傷的張力，那是一種勇敢的表現。

3 你需要勇氣去置身於大氣候之外 —— 當你容許自己經歷哀傷時，你的行為會變得跟以前不同。你不會跟隨大夥兒走，而是置身於大氣候之外。別人或會恥笑你為「娘娘腔」、「弱者」、「感情用事」，但你要拿出勇氣來堅持自己的立場。無論別人對你有什麼評價，只要你堅持到底，別人會從你的改變中得到啟示：男人也可以表達哀傷，而表達哀傷的勇氣也是一種英雄本色。

4 最後，你需要勇氣去講述失落的故事 —— 現在你已知道把一切有關失落與哀傷的事實和情緒埋藏在心內，並不是一種健康的做法。哀傷所包含的各種情緒如憤怒、罪疚、失望等必須適當地發洩出來，才能讓你順利渡過哀傷之旅。

如何釋放情緒呢？其中一個方法，便是跟你信任的人述說你失落的故事。所謂「找人分擔悲傷可把它減半」的說法是正確的，但是你需要拿出勇氣去完成這件事，因為此舉會令你產生依賴別人的感覺。然而，與別人分享卻是人性的表現，且對你的身心有益。

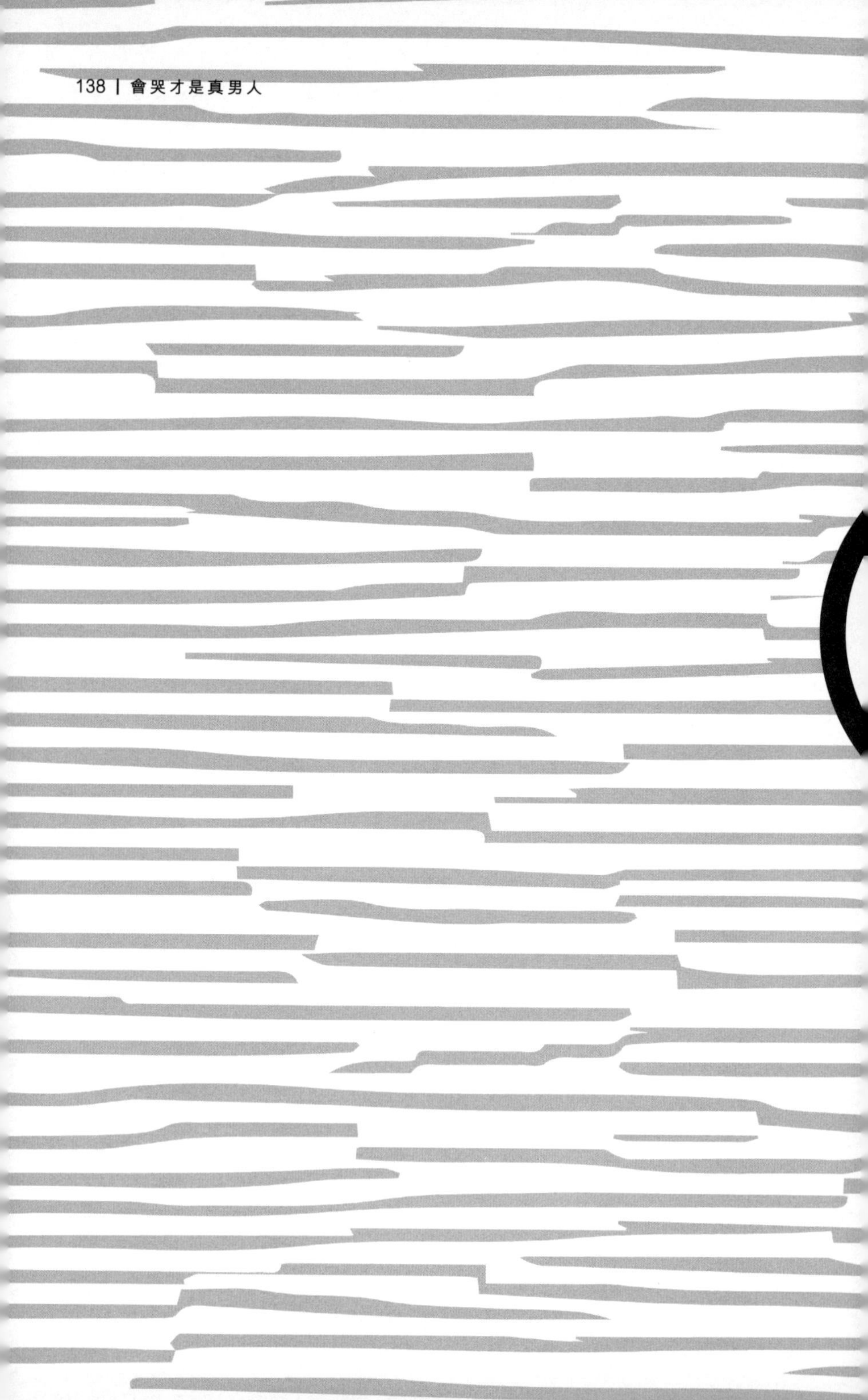

傷心日記九：

「我站着，不想去發現這事實。」

我自己的潛意識也意會到這段婚姻關係已死亡，只是我不願意承認罷了。

【三月廿九日】

昨天從噩夢驚醒，夢的景象還歷歷在目——

有一個小男孩，他有一隻深愛的小狗，是他自小養大的，他們一同生活，除了這男孩子要上課的時候，簡直形影不離。有一天，小男孩放學回家，不見了這頭可愛的小狗。

他找不着牠，雖然他四處尋找。

他問媽媽：牠在哪裏？

他問街頭擺賣的小販：「你們可見到我深愛的小狗？」仍是找不着。

他慌忙的騎着腳踏車，向森林走去，想是小狗貪玩，在森林樂而忘返。

他走着，喊着小狗的名字。

天黑了，仍是找不着，小男孩坐在大樹下哭着喊叫：「小狗你究竟在哪裏？你可知我找你、找得很苦啊？你為什麼還不回家？」

森林深處有個墓碑，他不敢走過去，怕在墓碑旁邊找到什麼似的。

在不知所措、迷惘的情況下，他就站着不動……

我就這樣驚醒過來，醒來時，滿面冷汗。我是這小男孩嗎？

這似乎是一個不用找心理學家分析也很容易了解的夢。

小男孩是我，阿雪是失去了的小狗。

我再也無法找到她，雖然我知道她仍然在同一個環境生活，甚至有機會碰到她，但碰到她並不代表還能帶她回家。她在仍然可見的情況下不見了，這似乎是一個互相矛盾的事實。我知道她工作的地點，我知道她通常在什麼地方出現，但我永遠無法找到她。

她像是會在那墓碑旁邊出現的小狗。我站着，不想去發現這事實。

牠應該是死了。

同樣，雖然我可以找着阿雪，但昔日的阿雪已經死了，仍然活生生在眼前的不是昔日的阿雪，如今她是何等陌生啊！

這夢給了我一個答案吧！

尋找仍然是找不着的，找到的，也是死去的。

想不到，我竟然為自己做了一個夢的分析，外在的世界我大有把握，但今日我要征服自己的「內太空」。

或許，我自己的潛意識也意會到這段婚姻關係已死亡，只是我不願意承認罷了。

我像那個小男孩，應該好好的哭一場。但那小男孩，不敢前去墓碑，我倒要鼓起勇氣去面對，這是鐵一般的事實。

啊！我深愛的小狗，為何離我而去？

男人雖然在外在世界表現得很成功，但他的內在世界卻顯得非常貧乏。因此，大部分的男人都過着膚淺、表面的生活，一種只顧追求金錢、性與權力的生活。

男人對外在的世界有很多認識，也從中歸納出很多知識。但今日男人的問題是他只着重外在世界的追求，卻忽略其內在世界的探索。結果，男人雖然在外在世界表現得很成功，但他的內在世界卻顯得非常貧乏。因此，大部分的男人都過着膚淺、表面的生活，一種只顧追求金錢、性與權力的生活。

外在或許富有，內在卻瀕臨破產

有一位作者這樣描述今日許多男人的光景：「把金錢、性與權力從一個男人的生活中拿走，大多數男人就找不到什麼來推動自己。他們對生命、未來及方向不知如何作決定，原因在於他們不懂如何從內心世界中，支取生命所需的力量及資源。」換言之，縱然男人的外在世界是富有的，他的內在世界也許已瀕臨破產邊緣。

你的內心世界是如何的呢？你對它有多少認識呢？你花了多少時間去認識它呢？新男性運動其中一個領袖約翰李（John Lee）曾經歷婚姻失敗，他的悲傷迫使他面對自己的內心世界，因為他發現，沒有人可以幫助自己解決問題，唯一出路是走進自己的心裏。他把自己的內心探索過程寫成一本書，名叫《尋找心靈的歸依處》(*The Flying Boy: Healing the Wounded Man*)。

他在書的尾聲向男人發出邀請：「現在，你已讀完我的故事，我為此深深感激。此刻該是你走進自己的傷痛、勇敢面對治療的時候了，唯有如此，你才可能擁有喜樂和健康的人生⋯⋯在你的治療過程中，你有許多資源可以運用，你可以融合各種治療方式，將身、心、靈等治療法結合起來⋯⋯你將會發現另一個新的天地，那是你美麗、堅強且溫柔的一面。這個地方就在你的內心。」

當你往內探索時，會驚訝地發現你的內心世界像一個智慧泉源，充滿各種感覺、情緒、思想和洞見。你的內心世界跟外在的世界同樣是真實及有價值的。這個真實的內在世界，有九成以上是未經發掘的金礦，有待你去支取它的寶貴資源。

由於男人長期處於麻木狀態，因此男人最重要的一步，就是察覺他的內心隱藏着很多能力，而這些力量在他的心中佔有十分重要的位置。這意味着你要改變你的想法，包括明瞭以下幾方面：

1 你的工作地方只是你整全生命的一小部分。

2 從性事得來的愉快並不是生命的全部。

3 內在能力，如情緒及信念，是極有價值的，也是建立有意義生活之因素。

4 生命不單是那些能見到、聽到、嚐到、嗅到或摸到的，還有一些是超過我們五官所能經驗到的東西。

當陷入痛苦，才會嚴肅面對內心世界

諷刺的是，許多男人第一次覺察到自己的內心世界，是在事情發生之後，特別是一些他們不願見到的事情。當不如意的事情發生時，你會突然發覺似乎樣樣東西都失去意義，失去生活的中心點。但只有當你陷入痛苦的處境時，你才會嚴肅地面對自己的內心世界。

因此，悲傷是開啟你內心的一扇門。

當然，你可以透過其他痛苦較少的方法去認識你的內心世界。以下的建議值得你參考：

1 找一個知心的朋友分享他對你的認識或分析。

2 找一處安靜的地方讓你跟自己獨處。你可以走路、緩步跑或垂釣，讓自己脫離煩囂的城市生活。

3 留意你所做的夢。你的夢可以反映你的內心世界。不妨把夢的內容寫下來，思考它們的意象，了解它們的象徵語言。

4 你可以嘗試寫心靈日記，把你對每日發生事情的感想或反省記下來，並且定期回顧，這可以有效幫助自己接觸內心世界的實況。

5 多閱讀一些有關心靈旅程的書籍，如約翰李的《尋找心靈的歸依處》。

傷心日記十：

「或許，我要讓這份關係死去，讓自己有新開始。」

他挑戰我是否願意將這段關係埋葬，提議我找幾粒種子，想像每粒種子代表一件已過去的事物，逐粒慢慢放進泥裏，然後用泥蓋上。

【四月五日】

今天見輔導員，我將上星期的噩夢和我自己作的分析，都一併告訴他。他似乎相當認同我的分析，還讚我有心理分析力。他說，夢境最終、最重要的解釋權，應該是在做夢者的手上。他接着提問，說我似乎已經開始接受婚姻關係死亡的事實，他認為一些小型的哀傷儀式，會對我完結這未完的事（unfinished business）有幫助。

既然在我的夢完結時，那小男孩子不敢走近墓碑，他便挑戰我是否願意將這段關係埋葬。我猶豫了一陣子，心想這不是一件十分可悲的事嗎？但他卻提議我找幾粒種子，想像每粒種子代表一件已過去的事物，逐粒慢慢放進泥裏，然後用泥蓋上。我要像學生上生物課時，按老師的指定，每天都灑水。他還送了我一句說話：「一粒麥子不落在地裏死了，仍舊是一粒，若是死了，就結出許多子粒來。」他的說話很有啟發性。或許，我要讓這份關係死去，好讓自己有個新開始。

我應該取多少粒種子呢？

第一粒應該代表我與阿雪的婚姻關係。

另一粒應該代表那個「老」我，只顧工作、不顧太太感受的我，以及我一切的過失。

最後一粒是代表我受過的傷害，阿雪的無情、旁人的眼光，以及覺得自己是一個失敗者的想法。想到這裏心情異常興奮，以上種種東西能一併埋葬，是一件很理想的事。我再不用背負這些重擔，可跟這些不快樂的回憶說再見。但這樣做了，是否就能把一切回憶生活變得輕省，有新的開始？

無論如何，這似乎是一個很有意義的行動呢！老趙一定要做我的見證人，邀請他來參與，他會否覺得我很怪呢？不知道他又如何克服自己的傷痛呢？

我應該用紅豆嗎？紅豆又名相思豆，似乎不大適合，不如買綠豆算了。

什麼時候做這個儀式比較好呢？

夜深了，想不到自己這段接受輔導的日子，心情是多麼的複雜。

夜，似乎不再是漫長、難熬的。

曙光會再現，晨曦是叫人充滿盼望的。

哀傷專家指出，有時透過某些行動或儀式，同樣可以像哭泣與講述哀傷經歷一樣，讓人慢慢躍出哀傷的深淵。對男性而言，這也許是個較自然和「安全」的方法。

男人傾向以行動來表達哀傷。

有一個故事名叫「給蛇吞下」（Swallowed by a Snake），對男人的行動與哀傷具啟發意義：

很久以前，在南方有一條村落。這條村一向很平靜，但不幸的事發生了。不知怎樣出現了一條大蟒蛇。牠進入村莊，見什麼就吃什麼，沒有任何活物（包括人）可以逃脱。一日，有一個婦人哭訴苦況：她的兩個寶貴兒女被蛇吞下了。她期望有人出來解決村民的恐懼。

有一個男人留意到她的痛苦經歷。這人是一位吹笛子能手。他思索婦人的説話，覺得自己可以為村民做些事情。他準備好一些玉米，帶備一把利刀，就往森林進發。他邊行邊吹奏笛子。

那個吹笛男子坐在森林一處地方並吹起笛子來。他注意到那條大蟒蛇正在接近他，但他繼續吹奏笛子。在毫無警告之下，大蟒蛇襲擊男人並一口把他吞下。男人在漆黑一片的蛇腹中打滾，直至他找到一處較舒服的地方便停下來。他取出利刀，然後逐片割開蛇腹。大蟒蛇感到痛苦而震動全身，這反而令男子有較多空間做他的工作。

吹笛男子知道要完成殺蛇的任務需要一段時間，因此，他就住在蛇腹中，吃蛇肉來充饑。大蟒蛇不停地感到痛苦。而男子就在這時告訴蛇，這痛苦是牠嗜吃人類的後果。最後，男子把蛇的心臟割下，大蟒蛇就死去了。男子從蛇的身體中走出來，返回村莊，告訴村民他們的恐懼已除去。他拿出大蟒蛇的心臟來證明他的説話。眾村民都高興不已。

哀傷處理需時，要從內在出發

這個美麗的故事象徵哀傷的經歷。進入哀傷有如被蛇吞下一樣，我們脫離日常生活，像吹笛者一樣進入蛇腹中。再者，處理哀傷需要一段長時間，正如那個男子一樣，小塊小塊地割下蛇的肉。另外，哀傷的處理需要從內在出發，就是處理種種因失落而產生的情緒。許多人並不認識到這是處理哀傷的有效方法。他們只有消極地任蛇吞噬，讓痛苦煎熬，坐以待斃，失去希望和求生的意志。但處理哀傷並不是這樣。像蛇腹中的男子那樣逐小割開蛇肉，你終於會脫離哀傷，重建新生。

這個故事最重要的信息，是關於男性處理哀傷的方法，就是透過行動進行。還記得故事中的男子經常做什麼呢？沒錯，他經常吹奏笛子。這說明男性傾向用行動來處理哀傷。哀傷專家告訴我們，在一些古代社會中，男性與女性是分開來處理哀傷的。男性聚集在一間「男性茅屋」（a male hut）中，透過許多種行動及儀式來哀悼死者；女性則集結於一所名叫「哭泣的房子」（a house of tears）中抱頭痛哭一番。

在北美印地安人中流傳一個習俗，稱為「刺傷樹木儀式」（tree-wounding ritual）。哀傷者找一棵樹，然後剝去它表面一層皮。這樣，那棵受傷的樹就像哀傷者一樣，失去一些令它感到痛苦的東西。日子慢慢地過去，受傷的樹也逐漸長出新皮，而哀傷者也緩慢地從哀傷中成長起來。

當男人感到失控及無能，會訴諸行動

透過行動來處理哀傷是一種典型的男性方法。當失落出現時，一個男人會感到失控及無能。為了尋回主控權，他會訴諸行動。另一方面，哀傷專家指出，有時透過某些行動或儀式，同樣可以像哭泣與講述哀傷經歷一樣，讓人慢慢躍出哀傷的深淵。而對男性而言，這也許是個較自然和「安全」的方法。

不幸地，有些男人在實踐行動時，因為超越健康的界線而引致危險的後果。開快車、高空跳水、過量飲酒等行動不單是危險，且對處理哀傷沒有什麼幫助。再者，有些男人會訴諸憤怒行動，如拆毀、打人甚至殺人。當然，這些激烈的行動只會造成破壞，切勿使用。

我們對儀式（rituals）其實並不陌生。日常生活中有很多儀式，包括飯前謝禱、生日慶祝、運動會開幕閉幕儀式、升旗及唱國歌等。儀式的目的起碼有五種，包括建立關係（relating）、確認改變（changing）、帶來醫治（healing）、尋找意義（believing）及感恩慶祝（celebrating）。儀式可以幫助我們重整混亂的生活。

作為一個男性哀傷者該採用什麼種類的行動呢？是建設性的，抑或是破壞性的呢？以下是一些建設性行動，可供選擇或參考：

1 思想行動——最簡單的思想行動，可以藉相片或紀念品來懷念逝去者。你也可以點起一支蠟燭來記念一個重要的日子，或重訪一處特別的地方。默想可以成為一個儀式，也可以藉書信來表達哀傷。你可以寫一封「話別信」，抒發心中痛苦的失落；或一封「感受信」，表達心中的情緒與思想。透過書信形式，你可以回憶往事，把怒氣與傷害說出來，以比較健康的途徑表達難以啟齒的感受。

2 實用行動——男人傾向實事求事，因此，許多男人採用較實用的途徑表達哀傷。園藝是其中一種既實用又具有意義的活動。有些男人種植一棵樹以作紀念。有些男人參與運動事工，如擔當教練訓練下一代，藉此將哀傷情緒「昇華」。你也可以親手造一件紀念物，或把逝去者的心願延續下去。這些行動可以令你有建設性地與哀傷連繫，並且有效地把哀傷變成一種有意義的行動。

3 創作行動——如果你擁有某一類創作能力，不妨把你的哀傷轉化成一些創意，如雕刻、陶藝、作曲、作詩，甚至可以寫一本書以作紀念。有不少名著，如基督教護教學者魯益師（C. S. Lewis）的 *A Grief Observed* 都是這方面的好例子。

哀傷儀式五大要素

在你計劃實行哀傷儀式之先，可以考慮以下五個要素：

1 準備——計劃好行動或儀式的細節，如地點、活動、時間及出席者等。

2 人物——你喜歡單獨進行，抑或牽涉其他人？或者沿用你家人一直採用的儀式？

3 地點——行動或儀式舉行的地點極為重要。試想一想哪個地方對你及你所失去的東西有特殊意義？

4 參與——出席儀式的人有不同程度的參與，他們可以有什麼貢獻？有需要預備食物、音樂或鮮花嗎？

5 禮物——給予和接受禮物是許多儀式中的重要部分。你的活動能否把焦點放在一些與你失落有關的禮物或物件上呢？

採用行動或儀式去處理哀傷不單是一種典型的男性方法，更具有治療作用。

傷心日記十一：

「只要不怕面對哀傷，就不用靠工作來麻醉自己。」

過去一切衣着都是太太安排的，這大半年來，一件新衫都沒有買過。我真的要為自己做一點事情，添置一些合自己品味的衣服，善待自己是一個挺新穎的想法。

【四月十七日】

復活節到了，雖然自己沒有宗教信仰，但今年復活節似乎有一種特殊的意義。

我種的綠豆發芽了，老趙跟我一樣孩子氣，竟然接受我的邀請，來一個小學生的遊戲，但昔日的遊戲，今天卻是一個與自己過去說再見的儀式。綠豆發芽了，老趙也分享我的喜樂，真是返老還童。

我也急不及待要見輔導員，像一個小學生要向老師交功課一樣，將埋葬綠豆的事一五一十告訴他。他也為我高興，還說我要為完成這計劃好好獎勵自己，慶祝一番。

他的說法，令我有點錯愕。我已經很久沒有想過要獎勵自己，我認為自己應該受到懲罰。我也很久沒有參加一些慶祝的聚會或喜宴。過去我一切的衣着都是太太安排的，這大半年來，一件新衣服都沒有買過。我真的要為自己做一點事情，添置一些合自己品味的衣服，善待自己是一個挺新穎的想法。

事實上，因為怕要向別人交代事件，我已經很久沒有與朋友見面，甚至一向以來的古典音樂發燒友也沒有聚聚，交換唱片心得。這幾個月來，總是聽一些低沉的悲歌，Mahler 第九（Mahler Symphony No. 9）、老柴第六（Tchaikovsky Symphony No. 6）都陪伴自己不少無眠的晚上，或許我可以獎勵自己，多買一些較明快、開朗的音樂。最近貝多芬第六（Beethoven Symphony No. 6）有新的演奏版本，可以買來聽聽，或許能挑起我到郊外走走的念頭。

從前每隔一個星期六跑步的習慣也可以重新開始，不然，我的體重快增加二十磅了。想不到，別人借酒消愁，我卻愛上了吃零食，好像有了食物，人就沒那麼空虛。但這樣下去，我便會變成一個大胖子。我要改善飲食習慣和作適量的運動。

我要找機會多謝母親，這大半年來她為我操心、為我預備晚飯，她一把年紀還要為兒子操勞，我真是不應該。現在心情好了一點，我也應該告訴母親，讓她安心。

我希望自己能夠有一個新的開始，像萌芽的小植物一樣，向上、向陽光、向未來開放。

記得上一個月答應自己要在復活節放大假，應該是時候好好善待自己了。「工作」不再是我唯一的倚靠，只要我不怕面對哀傷，那就不用靠工作來麻醉自己了。

【變身術】學習好好照顧自己，重新振作

失落的日子是一段個人身心受創的時候。你的身體會出現許多毛病，你的心情會消沉下去，你的精神也會不能集中。因此，你特別需要自我照顧，否則會從此一蹶不振。

你對這一章的題目是否感到陌生呢？照顧自己？有這需要嗎？這似乎與你男性的角色有衝突。一般男人覺得自我照顧是女性的表現，男人則有更重要的事要關注，如工作、生產、賺錢、成就。充滿男子氣概的男人是不會惜身的。再者，男人的天生使命就是要照顧別人。照顧自己？沒有這個必要！

猛男神話破滅

當然這只是猛男所相信的神話。男人也同樣有身、心、靈的需要，而哀傷的破壞力大得足以令一個男子漢崩潰下來。由於男人以為不需要別人的照顧（當然不是），因此，他就更需要照顧自己。再者，如果你不懂得照顧自己，你如何有力量去照顧別人呢？失落的日子是一段個人身心受創的時候。你的身體會出現許多毛病，你的心情會消沉下去，你的精神也會不能集中。在你人生中，這時期是你最困難的日子。因此，你特別需要自我照顧，否則你會從此一蹶不振。

如何照顧自己呢？起碼你要滿足四方面的需要：

1 身體的需要——哀傷會令你對身邊許多的事物失去興趣，也影響你對自己身體需要的關注。你會感到食慾不振、睡眠困難、困倦不堪。這時你就更要小心，吃什麼，吃多少及吃的方式會直接影響你的身體及精神健康，因此要吃得有規律、適中及有智慧。

在復原過程中，營養擔綱十分重要的角色，卻常被人忽略。在這個漫長又充滿壓力的時刻，均衡的飲食對你的身體健康很重要。要吸取大量水分，因為你需要水分來維持身體各部分正常運作，並使各種營養都處於均衡的狀態。如果你喜歡借酒消愁，就要格外小心，因為酒精或含咖啡因的飲料有時會引致身體脫水。開水才是對你有益的飲料。要記住：在你試圖克服哀傷的時候，生理與心理健康是同樣重要的。充足的營養、水分、睡眠和適量的運動，是你在這段日子中不可缺少的。

2 表達情緒的需要——男人也有表達情緒的需要，只不過在社會化過程中被否定了，你才學懂漠視或隱藏自己的情緒。這是我們的文化對男人的要求。但當你經歷哀傷的強烈情緒時，你發覺不能也不可能漠視那些情緒。你有適當的渠道抒發情緒嗎？如果你有合適的途徑，你就能加速痊癒。

抒發情緒（特別是強烈的情緒）的最自然方法便是哭泣了。可惜，現代的社會文化不斷灌輸「流淚是軟弱表現」的信息，以致男人變得不敢哭也不懂哭了。除非你要保持有害無益的猛男形象，否則你應重新開放你的淚管，讓眼淚助你紓解內心的哀傷。如果你因長期關閉淚管而不懂得哭泣，大可以藉音樂來助你打通淚管（柴可夫斯基的〈悲愴交響曲〉（*Pathetique*）是個好選擇）。另外，你也可以跟兒童或女人學習哭泣的藝術，他們在這方面可以提供很好的模範。

除透過眼淚宣洩情緒之外，你也可以做其他事情，包括找一個你信任的人，如家人、朋友、輔導員或教牧人員，把你的內心感受向他傾訴出來。如果有適合你的心理治療小組或工作坊，你不妨參加；亦可嘗試透過專業的指導，正面處理哀傷的情緒。有時從事一些劇烈的運動可以令你感到樂觀起來，因為運動能大大改善你的體力和精神。

3 人際關係的需要——當你經歷失落的時候，你發覺周圍的人似乎突然對你陌生起來。他們似乎有意無意迴避你，或減少跟你談話，又或變得沉默起來。當然，就你自己的心理情況而言，你也傾向走回自己的山洞，與世隔絕。失落會令人經驗雙向的社會隔離——朋友離你而去，而你也把自己孤立起來。

這種性質的社會隔離有好也有壞。好方面是指，男人遇上問題或困難時自然會走回山洞，他需要時間獨處來分析、反省和平息內心的感受。這是由於在處理問題上，男人採用的方法不同於女人。女性採用不斷談話來解決問題，而男性則採用「大事化小，小事化無」的方法，並獨力處理而不牽涉其他人。不過，男人的問題有時會大得不能獨力承擔，需要別人支持，尤其是情緒上的支持。基本上，沒有一個男人希望自己是完全單獨的，他也需要別人的支持，只是不同的人有不同的時候罷了。

因此，不要把獨處山洞的日子維持得太久。你需要走出山洞與別人接觸，好滿足你在情緒上及人際上的需要。你要主動與人接觸，或回應別人的關心。你可以尋找新的關係，或參與一些社交活動，從而恢復你對人的信心。

4 精神上的需要——失落之所以令你崩潰，正是由於它拆毀你對生活及生命的信心。假如一個小孩對父母的信心被出賣了，他對人生的信心就會受到嚴重破壞。同樣，失落的出現令你覺得一直賴以為生的人或物原來是不可靠的，你頓然失去人生的重心和意義，你的內在或外在生命呈現一片混亂。此時，你極需要在其他方面重尋安定的依靠。你的心靈如何找到歸依處？市面上有很多有關「心靈」的作品，可以為你提供許多途徑。或許你未必是音樂的愛好者，但值得你參考的是，許多偉大的古典音樂家，如韓德爾（Handel）、巴赫（Bach）或貝多芬（Beethoven）的作品都能令你的心靈得到慰藉。又如果你是一個有宗教信仰的人，此時你正需要尋求信仰所提供的安慰與啟迪。透過安靜、默想、祈禱、讀經或與精神導師交談，你可以找回人生的意義。

當然，除了主動照顧自己外，你也需要學習享受別人的照顧，而毋須為此感到不安。如果你經常照顧別人，你就配得被人照顧。能欣然接受自己的無助感，除了是人性的真實表現外，也能開放自己，給自己更多可能。

傷心日記十二：

「悲歡離合在所難免，我也得勇敢面對。」

輔導員和我一同翻閱那些記憶的傷口，包紮了，並不表示不會留下疤痕，也不保證將來不再受傷，只是若我不理會這些傷口，傷口便會潰爛，抗逆能力也減低。

【六月四日】

不經不覺又到六月，打從一月開始見輔導員，差不多有半年了，跟輔導員協定，明晚應該是最後一次的面談。

好像若有所失的，或許已經習慣了在一段時間內，有一處沒有壓迫感的空間，面對自己的內心世界。從起初帶點抗拒到現在有點捨不得，心情是比以前好了。雖然，與阿雪的事不能夠說是完結了，正如輔導員提醒我，說那個埋葬綠豆的習作，是為過去畫一個句號，意思是不再讓過去纏擾着自己，但並不代表過去的記憶一掃而空。記憶像一塊落在心湖的石塊，它永遠會留在湖底；只是它再不可能像拋錨在湖面時，帶來那麼大的漣漪。

我想接受輔導的作用也相似，輔導員和我一同翻閱那些記憶的傷口，包紮了，並不表示不會留下疤痕，也不保證將來不再受傷，只是若我不理會這些傷口，傷口便會潰爛，抗逆能力也減低。我想，既然傷口已經大致痊癒，也不可能長期看醫生吧！

分離從來不易，幸好輔導員已經循序漸進的減少了見面的密度，讓我學習獨立處理自己的情緒。這段日子，個人也比以前外向，多了找朋友聊天，我想結束這段輔導關係，也不會有太大問題吧！更何況，他說有什麼事情，也可以再找他傾談，悲歡離合在所難免，我也得勇敢面對。

昨天在公司附近，遠遠看見阿雪和她的男朋友，本想轉頭就走，但我不是已經處理好和面對過這段感情嗎？那就隨緣吧！若真的碰個正着，就打個招呼也無妨。雖然，沒有正面碰着，我也為自己沒有情緒震盪而興奮，但不開心始終在所難免。反應沒有過敏、過激已是好的表現吧！這成功的例子，或許也可以告訴輔導員，可算是他輔導我的成果吧！

老趙最近心情特別開朗。離婚之後，他一直沒有開始另一段感情，三、四年了，考慮開始另一段感情生活，也是應該的。

至於我，今天還是享受王老五的日子，最近又有貝多芬第九交響曲（Beethoven Symphony No. 9）的新錄音，看來演出和錄音的效果都不俗，最後合唱部分更是精采。

暑假快到了，是到歐洲走走的好時候，發燒友提醒我記緊要多看一兩套經典的歌劇。希望到時候看《卡門》（*Carmen*）也不會太過代入男主角的傷痛吧！

得與失是生活的常態，而非例外。因此，若你經歷得，也會經歷失，這才是一個完整的人生。生命的弔詭就是這樣：生命裏的一些完結可以轉化成新開始。

與你同行了一段時候，現在來到哀傷旅程的尾段。回顧過去的經歷，你已掌握到許多處理哀傷的正確方法。要把這個消極的經驗轉變成積極的經驗，需要你確信一個事實：無論你失去什麼、無論什麼從你那裏被奪去、無論你留下什麼，這個你不想遇見的經驗不該只是一塊絆腳石，同時也是一塊助你成長的踏腳石。關鍵在於你如何能超越哀傷，把它成為助你成長的動力。

究竟，男人如何從哀傷中成長？

不過，你可能疑惑哀傷與成長有何關聯。首先，哀傷與成長就如一個平面連續體的兩極，融合在一起。在哀傷極中，總有一些成長的成分；而在成長中，又會發現哀傷的成分。哀傷的任務無可避免地涉及醫治與成長。因此，我們不能經驗一樣而沒有另外一樣。換言之，不能有哀傷而沒有成長，或有成長而沒有哀傷。

那麼，究竟男人可以如何從哀傷中成長呢？

以下的建議值得你參考：

1 把失落牢牢記住——許多人嘗試把失落的事實忘記，以為這樣做就能把其傷痛減到最低。誰不知有意或無意逃避失落，只會延長哀傷或令哀傷變成病態。超越哀傷的意思並不是要忘記它，而是指把失落納入自己的生命中，成為自己的一部分。你要承認它是你生命裏其中一段重要的時刻。它愈難面對，你就愈覺得它重要，因為你無法輕易把它抹去，它已成為你記憶中一段難以忘懷的經驗。每逢你遇到類似的情況或日子，你會記起這些經驗，但它不再令你傷心，而是提醒你：你擁有愛、創造或堅忍的能力。因此，好好地記住這種珍貴的經歷。

2 從哀傷中學習——除了記着這些珍貴的經驗外，你也要嘗試把它成為可以學習的課程。你發覺許多人不能面對挫折、困難，因為他們從來沒有從逆境中學習功課，他們只顧埋怨或消沉下去。但你若從積極的學習態度出發，你會發現有大量供你學習的資料。你可以認識自己的強處、優點、潛質等，也可以向別人學習，包括他們如何回應你的經歷。從他們的反應中，你可以辨別真偽的友誼及關心。你又可以加深自己對失落、哀傷及成長的認識。如果你有興趣的話，大可以學習成為一位哀傷輔導員，把自己的經歷與知識結合起來。換言之，通過哀傷的歷程，你有機會學習生命的意義，以及分辨什麼事物是真正重要，反過來你便能更新自己的價值觀及做人哲學。

3 把握失落經驗，為將來作好準備——相信你目前經歷的失落並非你唯一一次的失落經驗。你以前可能也經歷過失落，不過程度上比較輕微，而將來你也可能遭遇更大的失落（如面對自己的死亡），但無論哪種情況，或輕微，或嚴重，是過去或是將來的，你目前的失落經歷可以助你醫治過去未解決的哀傷，以及為將來的失落作好心理準備。

4 以文字分享個人經歷——男人喜歡把事情作理性分析及把經歷整理成系統的知識。如果你喜歡的話，可以把你的經歷寫成故事或文章，甚至是一本書。除了出版之外，你可以利用互聯網向全世界發放你的經歷及思想。目前，網上已有許多這方面的資料。在歐美國家已開設哀傷教育課程。可惜，在香港這方面尚未正式發展。你也可以考慮從事哀傷教育的工作。

5 親身協助別人——或許你未必喜歡從事寫作或教育，但你可以選擇協助別人渡過哀傷的過程。你可以當義工，在社區中心或醫院，甚至在教會中幫助有類似需要的人。你的經歷，不論是失敗的或成功的，都能帶給有需要的人真實的幫助，包括讓別人知道經歷哀傷是正常的、得醫治支援是有可能的，以及失落是有積極意義的。

6 成為真正的男子漢——失落與哀傷足以令你重新認識何謂真正的男子漢。流行的無情猛男形象既不真實也缺乏人性。你可以透過自己真實的經歷，重建合乎現實又充滿人性的男子氣概。你可以自由表達情緒，可以自然地與人接觸，可以接受自己的軟弱。嘗試檢視一下塑造你成為男人的各種力量，並且決定哪些你需要繼續保持，哪些要修正及放棄。

7 學習愛得更深——哀傷與愛是不可分割的，因為人沒有愛就不會傷心。一個真正的男子漢乃在於他有情有愛，而你愛得愈深就表示你是一個真實的人，會為你所愛而悲傷。哀傷所給你的最終禮物就是學習「哀悼失去的是愛別人更深的前奏」，因為愛與哀傷皆源自相同的河流。

8 重建信心——哀傷使你重新正視信心的重要。那種使人從哀傷中恢復並得以成長的信心，稱為「信靠的信心」及「勇氣的信心」。在哀傷的成長過程中，你要學習重新對己、對人以及對神恢復信心。

9 認識人生——在哀傷中你要學習重新認識何謂真實的人生。失落的現實令你不能不放棄不切實際的期望，否定完美的友誼、婚姻及家庭生活等人生理想，而接受人性和人生的不完美。

10 活得更完整——你一直追求的是什麼呢？是常安無慮的人生嗎？是常得無失的生活嗎？其實，得與失是生活的常態，而非例外。因此，若你經歷得，也會經歷失，這才是一個完整的人生。生命的弔詭就是這樣：生命裏的一些完結可以轉化成新開始。透過你寶貴的經歷，你可以看到生命的豐富；不單見到，也真實地經驗生命的豐盛。

發生在你身上的一切太重要，你根本無可能忽略它。因此，讓它成為你生命的一個重要部分，並且藉着這部分而變成一個更成熟、更完整的人。

第二章

【好兄弟】輔助哀傷男秘笈

引言

一位中年男人的妻子自殺身亡，只留下一個兩歲兒子，事後他訴說出以下一段內心話：「我感到眼淚藏在我心底——一片從未被發現和觸摸之地。眼淚其實一直在那裏靜悄悄地流着，只是我們男人不被容許流露出來，令我們比女人更早死。我們的心臟爆發，血壓上升或肝臟被酒精蠶食，全因那內在哀傷之湖找不到出口。」

許多男人面對失落（losses）時都像以上那位男人一樣難於表達哀傷。他們的困難帶出三方面的問題，包括：

1 男人如何表達哀傷？

2 男人因着什麼而哀傷？

3 我們如何輔助男士渡過哀傷？

輔助哀傷兄弟三大要點

在未提供以上問題的答案之前，有必要先提出三大要點給輔助者參考：

第一，每個人對失落都有不同反應，皆因失落者與所失去的人或物有獨特的關係和感情，並且每個失落者都有不同個性或人格。

第二，輔助哀傷者時，必須尊重其哀傷的特殊性，透過談話多加了解其哀傷故事。

第三，除此之外，我們需要與哀傷者共同發現一種「共用的語言」以分享失落之痛。透過同理心，我們可以把哀傷的孤單感轉化成可分享的憂傷，並且有可能建立起「一個憂傷的羣體」(community of sorrow)。

男人哀傷，是秘密行為

男人其實是賦有哀傷的情緒，問題是，我們很少見男人流露哀傷，以致我們往往假設他們沒有這種情緒。為什麼有這種情況出現呢？

第一，大多數男人「秘密地」哀傷，所以若有機會遇上，是難得一見。這稱為「男性哀傷的隱藏性」(the hiddenness of male grief)。

第二，男人表達哀傷的方式跟一般女性表達哀傷的方式有異，以致人們認為他們沒有哀傷。(可參考本書第一章)

以上兩種方式，源於男人如何解讀失落。

對男人來說，失落意味失控、易受傷害、男性氣概削減、以及激起埋藏已久的情緒。

因此，男人身處兩難之間 (double bind)：一方面失落激起哀傷情緒，不得不釋放；但另一方面又害怕公開流露哀傷會給別人留下軟弱的印象。結果，男人就獨自地、秘密地灑下男兒淚，或用非典型方式抒發哀傷。

哀傷男人四大失控位

失落的事實，是沒有性別之分的，但其意義卻因人（性別）而有很大的差異。對於那些看重物質的人來說，失去寶物會激動他們的哀傷。

一般來說，男人在以下四方面難於控制其哀傷情緒，包括失去配偶、失去父親、失去工作，以及失去夢想。

1 失去配偶 —— 根據壓力研究，喪失配偶給幸存者帶來最大的壓力（100 LCU points），這是不分男女的，由於男人不易表達喪偶之痛，我們很難知道他們有多大傷痛，唯有從書籍尋找個案。

我們可以從魯益師所寫的 *A Grief Observed* 得知，一個男人對喪偶的哀傷有多深。喪偶之痛，令魯益師一開始便埋怨神，並責罵祂是一位「宇宙的虐待者」（a cosmic sadist）。面對一生最大的失落，他承認人類不能明白生與死的奧秘，只能感受失落之痛。

有研究指出，男人年紀愈大，就愈容易表達對喪偶的哀傷；另一方面，男人的健康（不論年齡有多大）因喪偶而轉差，相比女人遭遇喪偶的程度更大。

2 失去父親——對男人來說，失去父親有兩方面的含意：其一是父親缺席（father absence）；其二是父親死亡。

父親缺席嚴重影響一個男人的成長，包括其男性身分混亂、不成熟的成人角色、父親形象的投射、男性身分的扭曲，以及破碎的男性身分（詳見曾立煌：《終極英雄》，基道出版社，1996，頁 116-118；另外，此書可在天道書樓之電子書庫中免費閱讀）。

對許多男人來說，父親的死亡意味失去父親的祝福（the loss of blessing），包括其肯定、信任、稱讚和期望。不多男人帶着失望和遺憾踏上成年之路，終生尋索東西去補償有關損失。

3 失去工作——對許多男人來說，失去工作不單代表失去經濟收入，也代表許多其他的損失，包括失去與同事共事的機會、失去發揮所長的機會、失去晉升、獲得成就的機會、失去人生目標，以及有損其男性尊嚴等。

除此之外，當男人失去工作時，他們也會受到一些負面情緒影響，包括憤怒、羞恥、傷心等。問題是，他們通常把這些情緒埋藏在心內，無從發洩出來，影響身心健康。

4 失去夢想——這種失落是男人最難表達的哀傷，皆因它是一種無具體形式的損失，不顯眼。而許多時候，失落者不願別人知道他們的夢想，以免遭人取笑。因此，由夢想失落而引起的哀傷是隱藏的，因為夢想及隨之而來的失落，皆同是秘密。事實上，許多男人自殺的背後，正是被那些難於啟齒的「秘密」所推動。

輔助要訣：教他重新「學做人」

如前述，對於男人，失落有着不同的含意。因此，幫助好兄弟表達哀傷的方法之一，就是幫助他發展全新的方式，思考怎樣做一個人（being human），以及怎樣做一個男人（being men）。前者涉及男人不能承認「人是有限的和互相依靠」，後者涉及男人不能接受自己是「脆弱和易受傷害」。兩者均阻礙男人表達哀傷。因此，男人必須發展一個有關人性和男性的不同觀點，以致他更能對哀傷這份禮物存開放態度。

以下提出輔助男士渡過哀傷過程的一些方法：

1 輔助者可透過真實故事，闡釋失落是人生的一部分，甚至是必需的（necessary losses），並且可透過分享自己的經歷，解釋哀傷是對失落的正常和健康的反應。

2 留意男人有「哀傷短路」（short circuiting grief）的傾向，就是指男人經歷令他傷心的失落後，很快便回復正常，像若無其事般。這是由於男人傾向儘快重建正常生活，因而沒有處理好自己的哀傷。因此，輔助者應適當地引導失落者重述其經歷，以及幫助他重新感受那些被埋藏的情緒。

3 輔助者在可能情況下提供一個「憂傷的羣體」，即是一班有類似失落經歷的男人，在彼此信任氣氛中分享經歷，並且透過大家認同的方式表達哀傷。

4 輔助者必須向受助者解釋，哭泣並不是表達哀傷的唯一方法，還有其他有效的方式（詳見本書第一章）可供他們處理悲傷和傷害。因為，悲傷並不是哀傷的唯一成分。憤怒、羞恥、恐懼、孤單、空虛、困惑等都是哀傷的成分，而哭泣並不是表達這些情緒的最佳方式。

5 許多時男人遭遇失落，都只能「孤軍作戰」，缺乏支持系統。因此，輔助者可鼓勵受助者開啟自己的內心感受，因為願意聆聽的朋友可以幫助他將哀傷減半。

6 最後，許多男人在成長過程中，從未認識或遇上過一個展示哀傷的模範。相反，他們所見到的，都是壓抑和控制哀傷情緒的男人（尤其是他們的父親），難怪男人不懂表達哀傷！因此，輔助者可提供一個哀傷模範，讓男人從他身上學習哀傷的藝術（the art of grieving）。

我們可以從《聖經》中找到一個哀傷的模範，他就是以色列偉大的君王大衛（詳見〈撒母耳記下〉1、3、18 章）。

大衛王的一生充滿失落與悲傷，男人可以從中有以下的學習：

1 大衛既是一個充滿權力的男人，亦是一個充滿悲傷的男人（a man of power and a man of sorrow）。

2 大衛雖是一個勇士，但他亦會哭泣。

3 大衞的人生見證着力量與脆弱可以連結起來。

4 大衞所寫的哀傷詩篇（如〈詩篇〉38、39、51、69 篇）是給每個經歷失落男人的寶貴禮物。

5 男人可以從這些詩篇中學到表達哀傷的合適語言。

男人給兒女的遺產：表達哀傷之道

每個男人都希望成功，並且累積財富，留給下一代享用。但除了物質的遺產之外，男人亦需要給他們的兒女（尤其是兒子）留下情感的遺產，就是展示一個富有人性、真實男性氣概的情感榜樣。當中更重要的是教導兒子如何表達哀傷。

輔助者可利用此觀念，幫助好兄弟釋放被壓抑或控制的哀傷，並提醒這樣做不單對自己有益，亦能為下一代留下美好榜樣。

第三章

【自我診斷】我有哀傷的徵狀嗎？

你對這些事有何感覺？

1 逝去的親人⋯⋯

2 很小的事件⋯⋯

3「損失」的主題⋯⋯

4 逝世親人的遺物⋯⋯

5 罪咎感和自卑感⋯⋯

6 自毀的傾向⋯⋯

7 極端的轉變⋯⋯

這本書的基調是鼓勵男士們正面地處理哀傷，而我們也了解男士們比女士們較難將哀傷的感情抒發出來。以下是兩份自我檢查表格，讓你對自己的哀傷情緒提高警覺，並及早處理。

複雜性的哀傷（complicated grief）

「哀傷」是一個正常的過程，若無法或沒有及時處理它的話，「正常」的哀傷會演變成「複雜性」的哀傷。以下是「複雜性哀傷」的迹象，若你有這些迹象，就要及早行動，尋求專業的意見及援助：

1 每次提起逝去的親人，都難免產生強烈的情緒反應，彷彿重新經歷喪失之痛。

2 相對很小的事件就引發起強烈的哀傷反應。

3 在與人對話的內容中，經常出現有關「損失」的主題。

4 拒絕移動任何已逝世親人的遺物。

5 親人去世後，生活方式有極端的轉變。

6 有輕度不正常的情緒憂鬱，維持一段頗長的日子，通常帶有罪咎感和自卑感。

7 有一些自毀的傾向。

8 有一些不能解釋的哀愁，通常在每年的某個時段出現。

9 對疾病和死亡有強烈恐懼。

10 刻意模仿死者的行為，甚至有死者生前的病徵。

情緒低落與哀傷有分別

「情緒低落」與「哀傷」有很多相似的病徵，例如感到絕望、缺乏興趣、萌起自殺念頭和有罪咎感等。兩者區分主要在反應的強度和時間的長短上。另外，情緒低落者很容易對自己、世界及自己的將來帶着強烈負面的看法。

雖然相對女性而言，男性較少被診斷為情緒低落，但濫用藥品的情況卻遠遠多於女性。因此，研究男性情緒問題的專家，提出男性較容易採取濫用藥品的方式來解決或宣洩自己的情緒。要真正辨清男士情緒低落的原因，不妨看看以下這張清單，若你有以下的徵狀，就要追查有沒有一些未了解的哀傷需要處理。

男士情緒低落的徵兆

1 愈來愈從人際關係中抽離。

2 過分投入工作，過度關注事務，以致終日為工作前思後想。

3 否認身體上的痛楚。

4 更固執的要求自主。

5 拒絕別人的幫助。

6 性生活興趣產生變化。

7 發怒的次數和強度增加。

8 濫用軟性藥品，麻醉自己。

9 否認哀傷，不能哭泣。

10 自我批評十分苛刻，多批評自己不能成功成為保護者和供應者的角色。

11 衝動的為親人計劃將來。

12 情緒空虛或衝動。

13 專注力、睡眠和體重失調。

第四章

【其實我也想哭】男人心事

男人不愛哭，男人不懂哭，男人不敢哭，但我是一個愛哭、懂哭、敢哭的男人。

每逢聽兒童唱詩歌，我就一定會流淚。記得有一次參加小兒幼稚園畢業禮，當全體畢業生起立齊唱一首〈感謝老師歌〉時，我的眼淚已禁不住湧出來。

每當遭遇挫折，我會哭；每當面對困難，我也會哭；遭人誤會，我會流淚；兒女不聽話，我也會流淚；見到可憐的事，我不會壓制我的眼淚；但凡感動的場面一定會令我眼淚汪汪。

多數男人不懂哭泣

說實話，我與其他大多數男人一樣，都不懂得哭泣。十多年前我的父母先後離世，我沒有哭泣過。朋友事後說我堅強，其實我只是不懂哭泣。1989 年六四事件雖然激動我的情緒，但我的眼淚仍然被囚禁着。直至 1991 年我開始着手研究《聖經》中的〈耶利米哀歌〉，從「流淚的先知」耶利米身上，我重新認識哭泣的價值與作用。多年着力探討男性問題，特別在研究耶穌的情緒表達上獲得很多啟發。「耶穌哭了」就成為我愛哭、懂哭和敢哭的原動力。

沒有對父母的離世感到哀傷，一直是我的遺憾。從探討〈耶利米哀歌〉中，我認識到文字表達可以是一種抒發哀傷的手法（正如耶利米一樣），因此，我在 1994 年寫了《從哀傷到成長》一書，並且特意把該書獻給我所愛的母親。四年後，我又把《男人本色》一書獻給我敬重的父親。

父母離世後十年，我找到機會在《時代論壇》的「男人心事」專欄中，抒發我對母親和父親的懷念，現在把當年所寫的兩篇短文與大家分享。

〈再念母親〉

今年九月六日是我母親去世十年的日子。所謂「十年人事幾番新」，在這段年日裏發生了許多大大小小的改變。當有些改變發生的時候，總會有一種「母親看到就更好」的遺憾。但無論如何，對母親的回憶仍然是那麼強烈。

「我們要重新學習怎樣生活，就是連『正常』的經驗也會成為嶄新的經驗，因為它有一種『第一次』的性質。」我很認同盧雲（Henri J. M. Nouwen）的體驗。母親不在時我感到失去了一種重要的聯繫，我們家人第一次過聖誕沒有了她的同在，第一次過新年沒有了向她祝賀的機會，第一次過母親節而不能請她吃飯，也再沒有機會享受她弄的佳餚。

母親離世後，我們感覺到失去了生活的核心。

「過去的照片、信件、書籍告訴我們，生命就是不斷的告別：向美麗的地方、良善的人、美妙的經驗告別。」母親未必一下子就明白盧雲的告別觀念，因為她最捨不得、最放心不下的就是患上「老人癡呆症」的父親。她多年來獨個兒負起照顧他的責任，時常守在他身旁，悉心料理他生活的一切。試想體力較弱的她怎能照顧身體笨重的父親呢？故此，當母親入院被證實患上肺癌時，我們心知肚明她是積勞成疾的，然而她對多年的操勞卻毫無怨言，也不許我們把父親交給別人照顧，怕他遭人虐待。

在母親臨終前，我們不斷向她保證父親會得到悉心照顧。從她的面容可知她已放下憂慮，安然地在內心跟她摯愛的丈夫告別了。

「永恆出於時間，我們每經歷一次摯愛的人逝世，永恆便進一步侵入我們可腐朽的軀體。」

母親待人接物非常和藹可親。家中先後僱用三位傭人，母親對待她們有如自己人，不分主僕。後來她們都成為母親的好朋友，經常來探望我們。母親這樣待人是效法外婆憐恤、幫助有需要的人。在母親的安息禮拜裏，參加的人數相當多，而各方送來的花圈多得令我們驚奇，原來母親曉得善用時間、投資永恆，莫非她深明盧雲說的「永恆出於時間」這個道理？

母親雖離世已久，但我心中念念不忘一件不為人知的事。記得有一晚往醫院探望母親時，遇上久未見面的契表哥，他也前來探望家母。臨走前，他情緒突轉激動，握着母親的手，連連向她道謝，感謝她過去多年來的照顧與幫忙，讓他得以長大成人。我當時大受感動，也有衝動學效契表哥向母親說聲多謝。可惜，我卻把這感動抑制起來。到母親去世後，我懊悔不已，但機會已經過去，只能透過文字的表達作點補償。

〈再念父親〉

我對父親的認識並不多，因為在我的成長歷程中，生活一切全由母親打理。我在「男主外、女主內」的家庭形式下長大成人。父親是家庭唯一的經濟支柱，他為人嚴肅、沉實和穩重，每晚下班回家，未見其人已先聞其腳步聲（因我家的樓梯是木造的）。平日他常提醒我走路不可輕浮，腳跟要觸地，其為人的穩重可見一斑。父親酷愛古典音樂，時常購買唱片回家播放，因此，我自小就受到古典音樂的薰陶。

父親做人很講原則，例如責打孩子時只可打臀部。記得有一次我不聽母親説話，她盛怒之下痛打我一番，我的前額起了三座「高樓」。事後母親怕父親見到會責怪她，便叫我提早上牀。結果，父親全不知情。

父親寡言，很少和我傾談。腦海中記起的，只有三兩句説話。他責打我時總愛説：「下次再犯就……」。到我少年時，他警告我：「小心點，不要亂來！」當我踏足社會工作時，他提醒我：「不用給我錢，給你媽媽便是了。」

年紀愈大，父親漸漸呈現一些「老人癡呆症」的徵狀：善忘、脾氣暴躁及行為怪異等，到後來更因不辨方向而流落街頭足足兩日兩夜。我們四處找他，但總是失望而回。到第三天我們接到警署來電，通知我們往瑪嘉烈醫院探望父親，大家懷着又擔憂又害怕的心情速速前往醫院，見到臥在病牀上的父親，大家的情緒都很激動，悲喜交織。我見父親面部一邊呈現紫黑，樣子衰老了很多，原來他在晚上遇劫，被劫匪打傷，後經途人報警送到醫院治療。

經此打擊後，父親的病情又加深，不能照顧自己，對兒女已視若陌生人。面對癡癡呆呆的父親，我心裏泛起一陣陣的難過。有空回家探望父親，只見他自言自語，手中緊握一卷紙，據母親說那是他所需要的安全感。後來，我發現他對聖詩，尤其是古舊的詩歌有特殊反應，於是，每有空回家，便唱詩歌給他聽，好讓他有一點心靈安慰。

有一次我去探望父親時，突然感到眼前的人不像自己的父親。那位生我、育我、教我的父親怎麼變成一副陌生人的模樣？我呆立他牀前，望着他那張瘦削的臉孔，突然覺得他好像離我很遠、很遠似的。

不久，父親便靜悄悄地離開世界，臨終前沒有一個親人在旁。在他的安息禮拜中，我只有沉重的心情而沒有哀傷，因為在我的內心似乎盛載着一位「受傷的父親」(wounded father)。

進深閱讀

Beverley Raphael (1983). *The Anatomy of Bereavement*. New York: Basic Books Inc., Publisher.

Carol Staudacher (1991). *Men and Grief: A Guide for Men Surviving the Death of a Loved One: A Resource for Caregivers and Mental Health Professional*. Oakland, Calif.: New Harbinger.

Colin Murray Parkes (1978). *Bereavement: Studies of Grief in Adult Life*. London: Penguin Books.

C. S. Lewis (1961). *A Grief Observed*. New York: The Seabury Press.

Elizabeth Levang (1998). *When Men Grieve: Why Men Grieve Differently and How You Can Help*. Minneapolis, MN: Fairview Press.

F. J. White (1985). 'Loss and Separation' in *Baker Encyclopedia of Psychology*, edited by David G. Benner. Grand Rapids: Baker Book House.

Herbert Anderson (1997). 'Men and Grief: the hidden sea of tears without outlet' in *The Care of Men*, edited by Christie C. Neuger & James N. Poling. Nashville: Abingdon Press.

Ira O. Glick, Robert S. Weiss & C. Murray Parkes (1974). *The First Year of Bereavement*. New York: John Wiley & Sons.

Judith Viorst (1986). *Necessary Losses: The Loves, Illusions, Dependencies, and Impossible Expectations That All of Us Have to Give Up in Order to Grow*. New York: Ballantine Books.

Judy Tatelbaum (1980). *The Courage to Grieve: Creative Living, Recovery and Growth Through Grief*. New York: Harper & Row Publisher.

Kenneth R. Mitchell & Herbert Anderson (1983). *All Our Losses, All Our Griefs*. Philadelphia: The Westminster Press.

Nancy Pott (1978). *Loneliness: Living Between the Times*. Wheaton, Illinois: Victor Books.

Richard A. Kalish (1981). *Death, Grief and Caring Relationships*. CA.: Brooks / Cole Publishing.

Robert J. Miller & Stephen J. Hrycyniak（1996）. *Grief Quest: Men Coping with Loss*. St. Meinrad, IN: Abbey Press.

R. Scott Sullender（1985）. *Grief and Growth: Pastoral Resources for Emotional & Spiritual Growth*. New York: Paulist Press.

Thomas R. Golden（1996）. *Swallowed by A Snake: The Gift of the Masculine Side of Healing*. Gaithersburg, MD: Golden Healing Publishing.

Thomas R. Golden & James E. Miller（1998）. *When A Man Faces Grief / A Man You Know is Grieving*. Fort Wayne, Ind.: Willowgreen Publishing.

World Wide Web site: Crisis, Grief and Healing by Thomas R. Golden, http://www.webhealing.com